オンライン授業で大学が変わる

～コロナ禍で生まれた「教育」インフレーション～

大空出版

はじめに

新型コロナウイルスによる感染症拡大の「第3波」を受けて、政府は２０２１年の年明け早々、緊急事態宣言の再発出（1月7日、首都圏1都3県が対象。同14日に中部、西日本など計11都府県に拡大）を余儀なくされた。これによって、大学では4月からの21年度新学期も、オンラインによる遠隔授業の継続がほぼ避けられない状況になったといえる。

20年春、降って湧いたコロナ危機により、キャンパスの門を開くことが許されなくなった大学は、「学びを止めない」という決意の下、大慌てでオンライン授業のシステム作りに乗り出した。誰にとっても未経験のチャレンジである。パソコンやスマートフォンで視聴する急ごしらえの講義は時として味気なく、大学施設が使えないことへの不満も相まって、前期（春・夏学期）の授業が始まるや、学生らによる学費返還（軽減）を求める声が上がった。

一方で対面による授業を一部復活させる動きも出てきた。20年度後期（秋・冬学期）は、約6割の大学で授業全体の半分以上を「対面」により行う方針を掲げた（同年9月、文部科学省調査）。本文（第1章）で詳しく見ているように、首都圏の大規模大学では後期も原則オンラインで、依然として「大学に通えない」と訴える学生は少なくないが、「オンラインから再び対面へ」という流れが作られていたのは事実だ。「コロナさえ収まればじきに元に戻る」と考えていた大学関係者も大勢いたことだろう。

ところが、そうはならない気配が濃い。すなわち大学のオンライン授業は2年目を迎える。新型ウイルスとは今後、長期にわたり共存せざるをえないともいわれる。同じように、オンライン授業とも長くつき合っていかざるをえない。というよりも、大学での学びにICT（情報通信技術）教育が標準として組み込まれることが、新常識（ニューノーマル）になるということだ。

過去に学ばない者は同じ過ちを繰り返す。それは去年と今年のことにもいえるはずだ。試行錯誤を重ねる中で、オンラインならではの特性を生かした授業実践も多く生まれてきた。この本では、一人一人の教員や学生が何に悩み、どう感じたのかを、できるだけ肉声を生かしながら描き出してみたつもりだ。「オンライン元年」に何が起きたのかを丁寧《ていねい》に観察すれば、2年目になすべきことが見えてくる。

　第1章は大学のオンライン授業がどのように行われているのかを知ってもらうために、一人の大学教員の視点を借り、キーワード解説と併せてリアルな実態をリポートする。第2章は拓殖大学、山梨県立大学という異なる特色を持つ2大学の実践を紹介し、現場でどのような工夫が凝らされているのかを見る。第3章は学生自身による調査をもとに、学生が求めるオンライン授業像を探る。第4章は各大学でシステムの立ち上げに携わった教員インタビューから、オンライン授業の近未来の姿を展望したい。そして最終第5章では、オンライン化という「技術革命」がもたらす意味を、中世ヨーロッパで「大学」が誕生してからの世界史的な文脈に沿って読み解く。

　ここであえて結論めいたことを言うなら、オンライン授業には希望がある。教室の代替物をただパソコン画面の中に立ち上げるのではない。全く新しい「学びの場」の創造が可能になる。先述した学費返還請求運動も、単に「大学に通えないのに施設費を取られるのはおかしい」という理由だけで起きたのではない。オンライン化が持つポテンシャル（潜在力）を無視し、旧態依然のつまらない授業をそのままパソコン上に再現したために、学生の怒りが沸騰したのだ。

大学の学びは一方通行ではありえない。そのことが、教室がいったん〝消えた〟からこそ見えてきた。教員と学生、あるいは学生同士が作り上げる「授業」のありさまをじっくりと感じ取ってみたい。

●目次

イラスト ひらのんさ

第1章

降って湧いた「オンライン授業」大学で何が起こったのか

ある大学教授のリアルな声

２０２０年４月、新型コロナウイルスの感染拡大によって大学はキャンパスに学生を入れない「ロックアウト」を余儀なくされた。例年と変わりなく新年度を迎える準備を進めていた教員も学生も、そこから想定外の**オンライン授業**《キーワード①》への道を手探りで歩き始めた。

ある大学教授は言う。

「うちの子どもは私が教えている大学とは別の大学に通っていて、私が自宅から学生に向けてオンライン授業をしていると、隣の部屋では子どもがオンライン授業を受けている。

そこで目の当たりにしましたが、やり方がひどすぎる。例えば、授業で使う資料をあらかじめ**LMS**《キーワード②》からダウンロードするように指示しておきながら、ダウンロードの締め切り時刻が過ぎても、まだアップされていないとか」

※キーワード①〜⑪は21ページから解説します。

「親の目」があることがわからない教員

　オンライン授業をしている先生は、遠隔授業が「親に見られている」ことがわからない。家にパソコンが1台しかなく、親と共用している学生も多い。特に**オンデマンド配信型**《キーワード③》の授業は記録されて残っているから、親は子どもが受けている授業を容易に見られる。何かの本を丸ごとコピーしたものをPDFにして配信し、「感想を書け」というだけの授業もある。

　そんな授業の中身もさることながら、学生からのメールに対応しないとか、質問しても返事が来ないとか、自分に非があっても学生のせいにするとか、「自尊心が高い」といえば聞こえはいいが、要するに「上から目線」だ。それが遠隔になったことではっきりわかる。

「私に言わせれば、特に文系の先生がひどいですね。理系と文系ではオンライン化への教員の対応力が違います。理系は間違っていたら直すのが当たり前で、逆に改善につながるチャンスと捉えますが、文系は意固地です。非を認めません。学費や施設費の返還を求める声が上がりましたが（学費返還請求運動《キーワード④》）、私も親の立場からすれば、授業料に合わないというより、100円だって払いたくありません」

と、この教授は吐き捨てるのだ。

Zoom《キーワード⑤》などのオンライン会議システムを使った同時双方向型授業《キーワード⑥》は、一見ハードルが高そうだが誰にでも使える。要は「やる気」だけだ。だが文系の先生にはその「やる気」が少ない。ネットで検索すれば済むことを、「難しい」「無理だ」と言う。

画面の向こうは何する人ぞ？

もっとも、オンライン授業に身が入りにくいのもわかる。一番の問題点は、本当に学生が聴講しているのか把握しづらいことだ。オンデマンド配信型をちゃんと見たかどうかは自己申告。同時双方向型でも「カメラオフ」（キーワード⑤参照）が基本だ。学生の顔は隠されて見えない。大学からは「顔を出して」と学生に求めるのはパワハラに当たる可能性があるので控えるように言われている。つまり学生がパソコンの横で寝ていても、先生にはわからないのだ。

Ｚｏｏｍを使った授業では、授業が終わり次第、参加者（学生）は次々にミーティング画面から抜けていく。ところが、通常より少し早めに授業を終えたりすると、いつまでたっても画面上に名前が残っている参加者がいる。これは寝ている証拠だ。

「同時双方向型の授業に学生を集中させるためにどうしたらいいか。授業の途中で『会議室』を移動させるんです。別のＵＲＬを示して、そちらにアクセスし直してもらう。ついてこられない学生は授業を聴いていないことになりますから、うかうか寝ていられなくなる。まあ、そこまでするか、という話なのですけれども」

なるほど。学生たちに緊張感を持って授業に向き合ってもらうための一つの手段ではある。

もう一つの大きな問題は、正しい評価ができないということ。パソコン画面を見ている学生の後ろには親がいる。つまり逆に親が子どもに課せられたリポートを手伝えるのだ。カンニングを助ける親がいないとはいえない。要するに通常のような試験が行えないのだ。だからいきおい、普通なら落とすべき学生を拾っている、という状況になってしまう。

学生をどのように評価するかは、大学にとって最も重要なことだ。しかし、学生一人一人をどういう方針や基準で評価するかについて、大学当局は何も言わない。「ご配慮をお願いします」の一言だ。つまり、学生を「落とすな」ということ。個々の教員に責任を丸投げしているわけだ。

日本はアジアの後進国

もちろんオンライン授業にはメリットがある。特に日本語があまり上手ではない留学生には歓迎された。オンデマンド配信型の授業は、わからないところで止めたり戻したりできる。日本語の勉強にもなり、この点では対面授業よりいいかもしれない。留学生だけでなく、資格試験合格を目指している学部・学科の授業も、繰り返して見られる録画の講義は重宝されている。

ただ、教員にとっての負担は生半可ではない。オンデマンド配信型授業では、あらかじめ動画や音声を入れたコンテンツを毎回用意しておかなければならないし、そもそも対面授業を前提として作られていた**シラバス**《キーワード》⑦を書き換える必要もあり、労力としては3〜4倍になっている。

大変なのは学生も同じで、試験ができない代わりということで、教員が毎回の授業で課題を出しすぎた。教員同士で横につながっていないので、学生一人が一体、どのくらいの課題を出されているのかがわからない。1日4コマ分、宿題を出されたら相当な量になる。これはどの大学でも同じ状況にあるようで、学生たちは「**課題地獄**《キーワード》⑧」と呼んでいる。

学生の負担は勉強面だけではない。オンライン授業では資料をPDFにして事前に配る。スマホしか持っていないとか、書き込んで予習したいという場合はプリントアウトする必要がある。大学に来ていれば、授業でタダで配布されるのに、トナー代だけで月に3万〜4万円の出費を強いられたという学生もいた。

「**世界大学ランキング**《キーワード》⑨で日本の大学がなかなか上位に食い込めないと嘆く向きもあり

ますが、Ｚｏｏｍで授業ができないとか、したくないとか、そんなレベルではアジアの中でもすでに〝後進国〟です。日本の大学の国際競争力の低さが露呈してしまった形です」

「自粛」からさらに「委縮」する大学

20年度の後期は、対面授業とオンライン授業を組み合わせる「**ハイブリッド授業**《キーワード⑩》」を多くの大学が取り入れた。しかし、少しでも対面を取り入れれば、併用しているとカウントされる。実際には、ほとんどオンラインのままという大学や学部は多い。

学生や教職員の感染防止対策は確かに重要だ。しかし、現実に起きていることは「自粛」というより「委縮」だ。大学が怖がっているのは、クラスターを発生させてマスコミや世間からたたかれることだ。20年3月末にクラスターが発生した**京都産業大学**《キーワード⑪》へのバッシングは、大学関係者全体にとってトラウマになった。もちろん、大学発の感染者を出したら、学生集めに深刻な影響が出るのは明らかだが、逆説的にいえば、そういう事なかれ主義が、真正面から問題に対峙《たいじ》しない適当さというか、ずっと放置されていたものがあぶり出されたことはコロナ危機の〝メリット〟かもしれない。これまでなら「単位をくれればいい」と思っていた学生も、授業を見る目が変わった。いい加減な授業をしている先生には怒りの矛先が向けられるようになっている。

特に同時双方向型の授業では、学生が意欲的で、例えば先生の質問に対して、一人一人の学生が話す時間が増えている。教室で授業をやっていた時は、ほんの二言三言しゃべるだけだった学生がずっとしゃべっている。自宅やリラックスできる場所にいることもあるかもしれないが、授業時間が足りなくなるほどだという。

教授会が「対面」で行われたワケ

ただ、どうしても教員との1対1のやり取りになりがちだ。それも無理はない。顔を出していないので、電話で話しているような感覚なのだから。かつては教室を離れても、喫煙所などで顔を合わせて、「どうしてる？」などと話しかけて本音を聞けた。それが今では、学生は先生の顔を知っているとしても、先生は学生の顔を知らない。

「これが続くとなるとつらいですよね」

思わず切実な思いがこぼれた。

　大学は今、さまざまな物差しで測られ、ランキングされているが、中でも重要な指標が「就職率」。とりわけ、一流・有名企業にどれだけ就職できるのかという数字に学生も親も敏感だ。では、企業が就職活動をする学生にどんな資質を求めているかといえば、何よりも「コミュニケーション力」だ。だから大学側も一生懸命、コミュニケーション力を育てようと努力してきた。オンライン化でそれが培われないとなると、どうなるのか。

　とはいえ、そんな現状を大学当局や個々の教員がどれだけ自分のこととして捉えているのか。春以降、ずっとオンラインで開かれてきた教授会は、直近の会議は「対面」で行われた。その理由が振るっている。遠隔だと「寝ている人がいるから」というのである。

キーワード① オンライン授業

「遠隔授業」と同義。教員と学生をインターネットでつなぎ、学生はパソコン（あるいはスマホ）画面を通じて授業を受ける。これを授業の「配信」という。学生はもちろんだが、教員も自宅にいながらにして授業を配信できる。オンライン授業には後述するように「オンデマンド配信型」と「同時双方向型」があるが、そのほかパワーポイントで作った資料（スライド）などを配信し、課題を出す「課題提示型（教材配布型）」がある。音声がつけられることもある。課題提示型の中には、ただ資料（市販の本など）をスキャンしたものを学生に読ませるだけという〝省エネ〟タイプも存在する。

キーワード② ＬＭＳ

「ラーニング・マネジメント・システム」の略語。インターネットを通じたシラバス（※後述）の提示、履修登録、教材や課題の配布、出席確認、受講履歴の記録、課題やリポートの提出などが行える学内の学習管理システム。教職員や学生一人一人にＩＤが割り振られ、パスワードを入力してアクセスする。オンライン授業もＬＭＳ上に示されたＵＲＬを通じて受講する。Moodle（ムードル）、manaba（マナバ）、Google Classroom（グーグル・クラスルーム）などの商用またはオープンソースのシステムのほか大学が独自開発して使うものもある。

キーワード③ オンデマンド配信型

オンライン授業の主な形式の一つ。授業風景を録画したものを配信するのがわかりやすい形だが、文字資料に写真や音声、動画を組み合わせるなど創意工夫が凝らされた授業もある。一番のメリットは、学生が自分のスケジュールに合わせて授業を受けられること。時間割に沿って決まった時間に指定された教室に来なければならないという、時間と空間の制限がなくなる。それだけに学生自身のスケジュール管理が重要になる。また繰り返して見られるので、授業中にわからないところがあっても何度も見返して理解するという使い方ができる。「1限に出なくていい」とおおむね学生側の受け止め方はいいが、教員にとっては動画作成など、事前準備が過重になる傾向も指摘される。

キーワード④ 学費返還請求運動

文部科学省のまとめによると、20年5月前半の段階で国公立大学の88%が前期の開始時期を先送りしていた。例年通りの時期に授業を開始した大学も、もっぱら遠隔（オンライン）による授業を実施、あるいは検討しており、コロナ対策を行いながら面接（対面）授業を始めた大学は皆無だった。私立大学も同じく87%が開始を延期していた。その後、5月下旬にかけて全国の大学が続々と授業を始め、その比率は国立大学は100%、公立大学は80%、私立大学では77%に達した（5月20日現在）。しかし、同時期に国立大学の91%、公立大学の92%、私立大学の89%は学生を大学に通わせず、オンラインのみで授業を行っていた。

授業開始が1カ月半遅れ、キャンパスにも通えないのに、例年と同じだけの学費（授業料）や施設費を取られるのは納得がいかないという不満が高まった。特に新1年生は大学生になったという実感さえ持ちにくく、保護者（親）も含めて釈然としない思いだった。その悶々《もんもん》とした感情に拍車をかけたのが、おざなりとしかいえないオンライン授業の進め方だった。授業料や施設費の一部返還を求める学生の動きに対して、要求には応じられないという姿勢で大学側は足並みをそろえている。一方で経済的に困窮する学生への経済的支援などを行い、一定の理解を得ているようだが、20年度後期に至っても問題はくすぶり続け、9月中旬には125校が加盟する日本私立大学連盟（私大連）が「授業料は学位授与を見据えた総合的な経費で、減額・返還の対象ではない」との見解を公表した。

キーワード⑤ Zoom

オンライン会議システムの一つで、同時双方向型のオンライン授業に使われる。米国のZoomビデオコミュニケーションズ社が提供し、もともとはオンライン上でセミナーやミーティングなどを開くためのビジネスツールとして用いられてきた。「主催者」から送られる「招待URL」に「参加者」がアクセスする。参加者はアカウント登録をせずに利用できる。オンライン授業の場合、大学側や教員が主催者で、学生が参加者となる。主催者と参加者（一人あるいは複数）の映像が一つの画面に映し出され、互いの顔を見ながらミーティングをする形が一般的に想定されているが、大学のオンライン授業では参加者（学生）が画面上で「ビデオの停止」を選ぶことがよくある（＝カメラオフ）。こうすると顔を見せずに声だけでミーティング（授業）に参加できる。主催者（教員）が無理に〝顔出し〟を求めることはよくないとされている。

新型コロナウイルスの感染拡大で「緊急事態宣言」が全国に発令され、誰もが「テレワーク」状態になっていた20年4月中旬、リサーチ・コンサルティング会社のJ・D・パワージャパン（本社・東京都港区）が行った「テレワーク下におけるWEB会議利用に関する日米調査」によると、調査時点で過去1週間以内にオンライン会議システムを使って仕事をした人のうち、日本ではZoomを利用したという回答が30％でトップだった（2位はスカイプの25％、3位はマイクロソフト・チームズの16％）。情報漏れの恐れなど、かねてシステム上のもろさが指摘されていたZoomだが、ビジネスユースでのシェアの高さもあって大学関係者の中で知名度、支持率は抜群。半ばブランド化している感もあり、この風潮を「ズーム教」と呼ぶ大学教員もいる。

キーワード⑥ 同時双方向型

オンデマンド配信型と並んで、オンライン授業の主な形式の一つ。Ｚｏｏｍに代表されるオンライン会議システムを使い、教員と学生がリアルタイムでやり取りできる。教員が授業中に学生を指名して発言を求めるなど、実際に教室で行われる授業に近いコミュニケーションが可能になる。ただし映像と音声を相互に送り合うために、ウェブカメラとマイクの準備といった初期投資が必要になる。また通信容量が多くなるので、環境によっては途中で送受信が切れてしまう可能性がある。それもあって、通信容量を抑えるという理由で学生側は「カメラオフ」（映像を送らなくて済む）が基本になっている場合が少なくない。せっかくの「双方向」のはずが、教員は授業を行うのにモチベーションを保つのが難しい面もあるようだ。

キーワード⑦ シラバス

学期が始まる前に教員（大学側）から学生に示される「授業計画」のこと。履修すべき、あるいは履修したい授業を選ぶための「カタログ」のようなものともいえる。授業の概要に始まり、どんな力をつけることを目標としているか、週（各回）ごとの授業の構成、求められる自己学習（予習・復習）の内容、使う教科書の名前などがコンパクトにまとめられている。学生が最も注目する箇所の一つが「評価方法」の項目だ。もちろん授業（担当教員）ごとに異なり、例えば試験で８割を評価し、残りの２割は毎回の授業への「参加度」で測るやり方があれば、期末試験の一発勝負という科目もある。出席をどのくらい重視するのかや、授業ごとにワークシートの提出を求め、こまめに評価を積み重ねていくやり方を取るといった各教員の〝ポリシー〟のようなものが垣間見える。従来のように学生を教室に集めて一斉に筆記試験を課すというやり方ができなくなったため、シラバスの書き換えに追われた大学教員も多かったとみられる。

キーワード⑧ 課題地獄

4年制大学の卒業に必要な単位数は、おおよそ124単位以上。講義形式の科目の場合、多くの大学では、1科目につき毎週1コマ（時限、1コマは大体90分）の授業を1学期（半年）に14〜16コマ受けると2単位が与えられる。年を追って早期化する就職活動に備えるため、学生はできるだけ3年次までに学位取得に必要な単位数を確保しておこうとする。つまり1年に40単位以上、1学期に20単位以上を確保しなければならない。第5章で東京大学の吉見俊哉教授が指摘している通り、そうなると学生は毎週、10〜12科目の授業に出席することになる。1日当たり2〜3コマに出る計算だ。全体として予習・復習などに割く時間は当然多くなる。もちろん勉強は学生の本分ではあるが、問題は授業のオンライン化に伴って、先生が毎回リポートなどの課題（宿題）をこまめに出すようになったことだ。遠隔授業だと学生の理解がどこまで進んでいるのか把握しづらいという不安がある。例えば「今日の授業の内容を400〜800字でまとめよ」という課題は必ずしも過重とはいえないが、それが1日に三つ、週に12本ともなると、かなりの負担感である。また、課題提出の期限は科目（教員）ごとに異なるので、締め切りが集中する日も生まれる。学生たちが「地獄」と呼ぶのも無理はない。

キーワード⑨ 世界大学ランキング

英国の教育専門誌『タイムズ・ハイヤー・エデュケーション』が世界の大学を多角的な基準で順位づけし、毎年発表している。20年9月に出された21年版では、1位はオックスフォード大学、2位はスタンフォード大学、3位がハーバード大学。ベスト10は1位のオックスフォード大学（英国）、6位のケンブリッジ大学（同）以外は、すべて米国の大学で占められる。日本の大学では東京大学がトップで36位、次いで京都大学が54位。同じアジアの大学では、清華大学が20位、北京大学が23位と、ともに中国の大学が上位に食い込んでいる。

ランキングで使われる指標は、①教育（教育環境、博士号取得比率など）②研究（研究による大学収入がどれくらいあるかなど）③被引用論文④国際性（留学生や外国籍教員の比率など）⑤産業界からの収入（知的財産をどれだけ外部に移転できているかなど）――の5分野からなる。教育と研究の分野では、2万2000人の研究者からの「評判調査」という項目の加点割合が大きい。つまり数字だけではなく、大学関係者自身の〝口コミ〟が重視されている。この世界大学ランキングは、学生が留学する大学を選ぶ時の物差しとしても使われ、世界的に注目されている。文科省や各大学、さらに財界も含めて「グローバル化」のかけ声は大きくなる一方だけに、関係者は毎年の発表を息を詰めて見守っていることだろう。コロナ危機下、オンライン化への対応は、大学の「教育力」を根本から問いただした。

キーワード⑩ ハイブリッド授業

20年度の前期は、全国の大学がほぼロックダウンに陥ったが、後期からは対面授業を復活させる大学が増えている。もちろん、コロナ以前のように対面授業だけで大学の教育を進めることは簡単ではない。特に学生数が数千から万単位の大規模大学では、キャンパスに通ってくる学生をできるだけ分散させる目的もあり、オンライン授業と対面授業を併用することが主流になっている。これを「ハイブリッド（かけ合わせ、混成）授業」と呼ぶ。授業ごとに対面かオンラインか、どちらかにする方式が多いが、一つの授業を対面で受ける学生とオンラインで受ける学生に分け、教室を密にしない方式を「ハイフレックス授業」と呼んで区別することもある。本書ではハイフレックス型も含めて「ハイブリッド授業」で呼称を統一する。

文部科学省が全国の国公私立大学と高等専門学校（高専）を対象に行った「大学等における後期等の授業の実施方針等に関する調査」（20年9月発表）によると、ほぼすべての大学（短大含む）が対面授業を実施すると回答している。同年7月時点の同様の調査では、オンラインだけで授業をしている大学が24％あった。もっとも、全面的に対面授業を進めるとしているのは17％で、8割以上の大学がハイブリッド授業を選択している。ハイブリッド授業を行っている大学が、対面とオンラインをどういう割合で組み合わせているかというと、「ほとんど対面」が19％、「7割が対面」が11％、「おおむね半々」が25％と過半数の大学では対面がオンラインよりも多いか、あるいはオンラインを下回らない形で授業が行われていることがわかる。

キーワード⑪　京都産業大学

京都市北区にある総合大学。文理を合わせた10学部で約1万4000人の学生が学ぶ。20年3月下旬、同中旬に欧州旅行から帰国した学生3人が新型コロナウイルスに感染した。感染が判明する前にゼミなどの懇親会に参加し、感染が拡大。さらに懇親会で感染した学生から学外者やその家族らにも広がり、全国で70人以上が感染した。「大学発クラスター」の典型事例として知られる。

事実が明らかになると、学生をはじめ同大関係者への差別が一気に蔓延した。学生がアルバイト先から出勤を断られたり、職員の家族や子どもが出勤・登園を拒まれるケースもあった。大学には「学生の住所を教えろ」といった脅迫電話なども続いた。学生の〝軽率さ〟が指摘されるが、出国した時点で旅行先には入国禁止措置などは出ていなかった。また、大学当局はかねて学生の感染防止に取り組み、中国へは渡航中止を求め、そのほかの国への渡航にも注意を促していた。卒業式を中止したほか、学生らによる卒業祝賀会、懇親会も開催自粛を呼びかけていた。大学側としては、それ以上に〝できること〟は少なかっただろう。

公的なガイドラインや指導を守り感染防止対策に気を配っても、いったんクラスターが発生してしまうと問答無用でバッシングを浴びる。もしそうだとしたら対面授業の教育的価値や役割をどれだけ認めようとも、再開に二の足を踏むのは自然なことかもしれない。

「ハイブリッド授業」への進化

20年度の後期は、多くの大学でオンライン授業と対面授業を組み合わせたハイブリッド授業が行われている。

前期は授業の開始時期がちょうど新型コロナウイルスの感染拡大を受けて、政府が首都圏など7都府県を対象に緊急事態宣言を発し（4月7日）、さらに全国に拡大（同16日）した時期と重なる。キャンパスに学生を通わせることができないばかりか、学期の開始を遅らせざるをえない大学がほとんどだった。まさに手探り状態の中で、学生に「学びの機会」を提供するべくオンライン授業を配信する体制を整えていったのは、かけ値なしに賞賛に値するだろう。

休学や退学まで検討する学生も

だが一方で、学生たちの「学校に通えない」という不満は日に日に高まっていった。

そして、学生が「授業」として想定するものと実際のオンライン授業とのギャップや、先述した「課題地獄」といった物理的負担が相まって、「オンライン化反対」の声も高まった。先に述べた学費返還請求運動もその文脈で起きているわけだが、学生の切実な声を拾ってみると、例えば以下の通りだ。

▽（実家でオンライン授業を受けているので）契約したアパートに一度も住まないまま家賃を払い続けている

▽（1年生なので）一人も友達ができない。一日人と話さない日もある

▽課題の嵐で一日中パソコンの前にいる。睡眠時間は1週間で計6時間

▽「課題図書を読んで期末までにレポート提出」と期初にメールが来ただけの授業

▽困って相談した学生課から「電話してくるな」と怒られた

▽うつ病を発症した、体調を崩した、絶望を感じる

▽休学・退学を検討している。すでに退学した

（『週刊ダイヤモンド』20年8月8・15日合併号の記事から。同誌編集部の公式ツイッターアカウントに寄せられた大学生の声の一部）

こうした声の高まりを受け、国も動いた。文部科学省は20年7月27日付で「本年度

後期や次年度の各授業科目の実施方法に係る留意点について」という事務連絡を出し、〈地域の感染状況や、教室の規模、受講者数、教育効果等を総合考慮し、今年度の授業の実施状況や学生の状況・希望等も踏まえつつ、感染対策を講じた上での面接授業の実施が適切と判断されるものについては面接授業の実施を検討〉することを求めた。

次いで8月4日、萩生田光一文科相が記者会見で次のように述べている。

「遠隔授業には授業実施に時間的・場所的な制約がなくなることなどのメリットがある一方で、直接の対面による学生同士の交流を通じた人間形成と、対面ならではの教育効果の重要性も踏まえると、遠隔授業を継続する場合においても、効果的な対面授業との併用などを検討していただきたい」

この会見で萩生田大臣は続けて、少し砕けた表現を使ってこうも話している。

「小学校や中学校でもさまざまな工夫をしながら学校に皆、来ているわけですから、大学だけが完全にキャンパスを閉じているというのはいかがなものかと思います。（中略）すべてのオンラインがだめだと言うつもりは全くありませんが、易きに流れてですね、言うならば授業の中身も非常に薄っぺらくなってしまうようなオンライン授業ではいけないと思います」

この言い方は、ちまたに広がっていた「小・中・高校は普通に授業をしているのに、なぜ大学だけが通うことができないのか」という根強い不満、疑問の声を意識したものだろう。あくまでも大学の授業は直接のやり取りが基本であり、対面授業をできるだけ組み合わせていくこと、つまり「ハイブリッド授業をしなさい」と国が方針を出したということだ。

それでもまだ「通えない」

文科省が20年9月15日に発表した「大学等における後期等の授業の実施方針等に関する調査」では、後期授業をどんな形態で行うのかを聞いている。短期大学を含む全国約1000校の大学が回答した。対面授業のみを行うとしている大学が全体の17・3%、「対面・遠隔を併用」すなわちハイブリッド授業を行うという大学は82・6%だ。これを国公私立別で表してみると、グラフ1のようになっている。

この数字を見ると、国公私立の違いを問わず、大学生は前期とは打って変わってちゃんとキャンパスに通えているというふうに思える。文科省がホームページ上で公開している同調査の「概要」では、「ほぼ全ての大学が対面授業を実施」とアンダーラインつきの太字で示されている。

　しかし、その一方で現役大学生からは依然として不満の声が聞こえてくる。試しにネット上を散策してみると、すぐにこんな声が拾える。

「後期からも原則オンライン授業になると知り、1日も入居しないままのアパートを解約した」（東京の大学に入学した1年生）

▼グラフ1

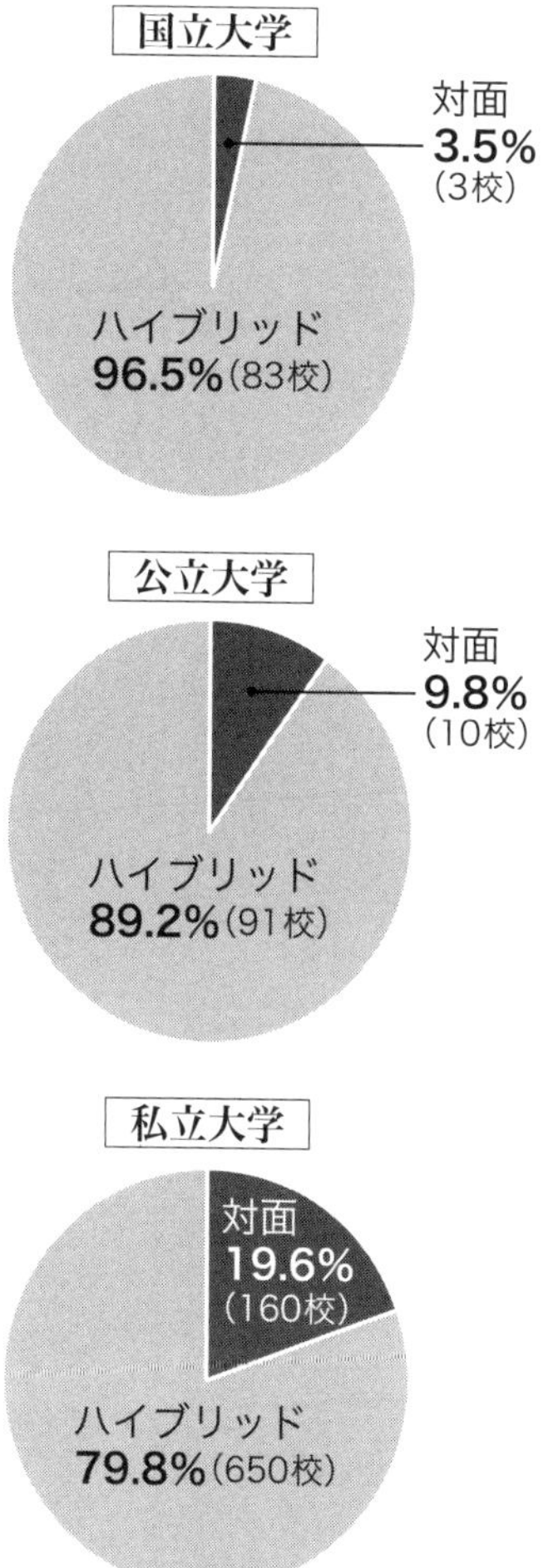

(※公立・私立大学では回答に「その他」が含まれるので合計は100%にならない)

「後期もオンライン授業なので大学1年生の間、ずっと実家で過ごす。来年（21年）3月末まで上京しない」（同）

「後期も『ほぼオンライン』と大学から連絡が来て、あれ？と思った。このまま息子の大学1年生が終わるのは嫌」（大学生になった子どもを持つ母親）

いずれも悲痛な叫びである。「ほぼ全ての大学が対面授業を実施」という言葉の響きとはズレがあるように思えてならない。

「対面授業再開」のウソ、ホント

文科省調査の中身を詳しく見てみよう。ハイブリッド授業（対面・遠隔授業を併用）を行うと回答した大学（国公私立824校）の、対面とオンラインの配分割合はグラフ2の通りだ。

「おおむね半々」から「ほとんど対面」までを積み上げると56％となり、過半数の大学では、家でパソコンに向かって授業を受けているよりも、キャンパスに通っている方が多いことになる。それであれば、実家暮らしを続けたり、アパートを解約するこ

▼グラフ2

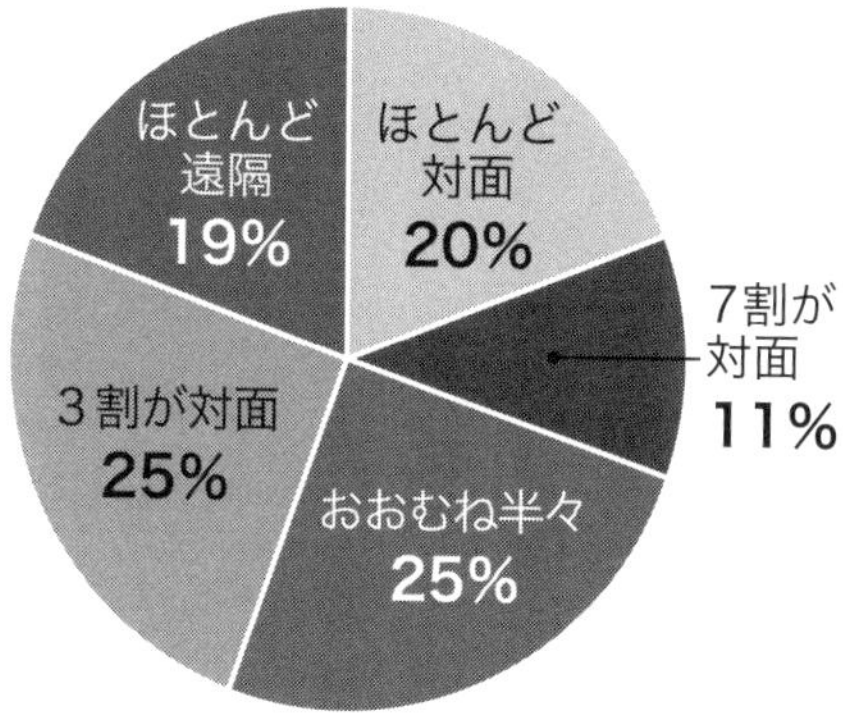

ともないように思える。

もっと突っ込んで数字を読み解いていく必要がありそうだ。実はこの文科省調査では、10月2日に「地域別状況」という項目が追加して発表されている。国公私立大学と高専の切り分けがなされていないので、先に挙げた数字とは母数が異なるが、例えば「北海道・東北」では、対面とオンラインの配分割合はグラフ3の通りだ（なぜかわからないが、選択肢の表記が微妙に違っている）。

北海道と東北では、もっぱら対面授業のみに戻している大学など（高専含む）が4割を超え、全国の状況の2倍になっている。授業の半分以上を対面で行っている学校は75％に上る。一方、関東ではどうなっているかというと、「ほぼ対面」が最も多かった北海道・東北とは全く対照的に、「ほぼ遠隔」が最も多い。関東地方の大学の3割強は「原則オンライン」で、キャンパスに学生を通わせられていないということだ。

▼グラフ3

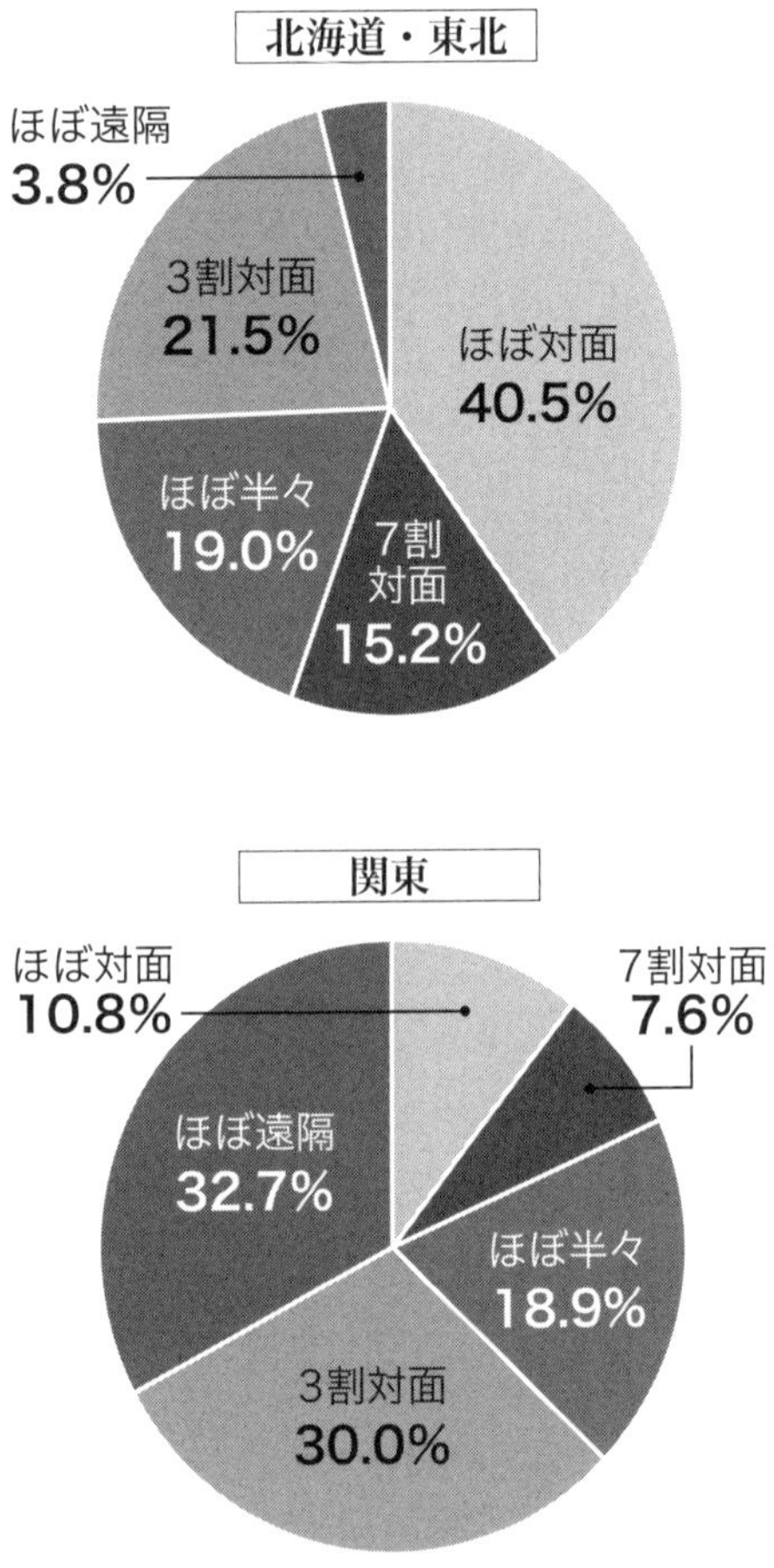

「ほぼ半々」以下を足し合わせると81・6%となり、圧倒的多数の大学では、学生たちは教室で授業を受けるよりも、パソコンとにらめっこをしている時間の方が長いのである。

さらに押さえておくべき点がある。20年度の学校基本調査（速報）で「大学の都道府県別学部学生数」を見てみよう。1位は東京都の約67万4000人で、2位以下は▽大阪府・約22万6000人▽愛知県・約17万7000人▽神奈川県・約17万5000人▽京都府・約14万2000人――の順となっている。つまり、当たり前ではあるが、大学生は都市圏にある大規模大学に集中しているということだ。

文科省調査は「学校数」をベースにしているので、例えば学生数1000人の大学と3万人の大学は、それぞれ等しく「1校」とカウントされる。仮に前者が「ほぼ対面」で、後者が「ほぼ遠隔」で授業を行っている場合、学校単位では対面授業と遠隔授業の割合は1対1となるが、実際にはその2校に在籍する学生のうち97%が、オンライン授業ばかりでキャンパスに通えていない計算になる。

従って、関東の中でも特に大規模大学が多く立地する首都圏（東京、千葉、埼玉、神奈川の1都3県）では、学生数ベースで見ると、「ほぼ遠隔」すなわち大学に通いたくても通えない状況は、「3割強」という比率にとどまらない可能性が大きい。少なくとも、文科省調査にある「ほぼ全ての大学が対面授業を実施」という表現は、学生たちの皮膚感覚そのものではないということは改めていえるかもしれない。

対面授業再開と感染防止のはざまで

とはいえ、個々の大学では新型コロナウイルスの感染予防対策を講じながら、あの手この手で対面授業を再開させ、ハイブリッド授業を軌道に乗せる努力をしている。そのことは言っておかねばならないだろう。文科省は前述の調査結果と併せて、各大学が対面授業再開と感染対策をどのように「両立」させているのか、その取り組みの事例を挙げている。ここで紹介してみよう。

▽実験や実習などの実際に手を動かして学ぶ必要のある科目や、芸術系大学における実技・レッスンなど、指導上の必要性や学生からの要望を踏まえ、優先順位を設けて対面授業を順次実施している（東京藝術大）

▽各座席の四方に一定の間隔を空けて教室を利用できる場合には、対面授業を実施することとするなど、感染対策上の基準（ガイドライン）を設けて対面授業を順次実施している（筑波大）

▽一つの授業クラスを2教室に分割し、片方には対面による授業を、他方にはリアルタイムでの配信授業を行い、これを交互に入れ替えることで、クラスの少人数化による感染対策と対面授業を両立している（浜松医科大）
▽遠隔授業を行う科目でも、2回は対面で学生とコミュニケーションをとる機会を設けることを推奨するなど、対面による指導の機会を確保するための全学的な目標を設定して取り組んでいる（名古屋大）
▽学内での「三つの密」を避けるため、1日当たりの学内滞在人数を削減する一方、1年生が履修する科目について優先的に対面授業を実施するなど、大学の学修に慣れない1年生に配慮している（高知工科大）
▽対策基準や希望を踏まえて対面授業を順次実施するとともに、バス停、学食、ラウンジ、自習スペースなどリアルタイムの施設混雑状況をアプリを通じて公開し、通学に伴う感染防止行動を促進している（桜美林大）

また、キャンパスに満足に通えず、ストレスを抱えている学生への手当ても、大学にとって重要な責務だ。「学生への配慮（交流機会の設定等の例）」として、文科省がホームページで紹介しているのは次の通りだ。

▽例年実施している1年生へのガイダンスは、学生の交流や学修の導入としての重要な機会であることから、手洗い励行・マスク着用等の感染対策を徹底の上、時間を短縮して今年度（20年度）も実施することとした（鹿屋体育大）

▽大学の学修に慣れず、学生同士の関係がまだ構築されていない1年生に対して、オンラインでの交流機会を設けるほか、感染対策を講じた上での交流イベントの実施など、キャンパスでの交流の機会を設けている（宮城大）

▽学生相談室で行っている臨床心理士による相談について、通常の対面方式に加えてウェブ会議システムやメールを用いての受付にも対応することとしている（大阪府立大）

▽図書館やPCルームなどの学内施設について、感染対策のために利用人数や利用時間を制限しながら開放する一方、図書の郵送貸出や複写サービスも継続するなど、学生のニーズに合わせた対応を行っている（東京都立大）

オンライン授業はなぜ嫌われるのか

オンライン化の流れをざっと整理すると、コロナ危機という非常事態を受けて、多くの大学は感染拡大防止の観点から、20年度前期の授業開始を延期した。しかし、「学生の学びを止めない」という決意の下、個々の教員の努力や大学当局のサポートによって、手探りで始められたのが全学的なオンライン授業の導入である。

これまでもオンライン授業そのものがなかったわけではない。しかし「平時」と違うのは、前提として「学生をキャンパスに入れられない」という根本的な問題があった。このことが、オンライン授業への評価をややこしくしている。学生が大学に通えないのはオンライン授業のせいではなくて、感染症の拡大が収まらないからだ。

とりわけ1年生をはじめ、学生にとっては大学がロックアウトになったことで、「友達ができない」とか「ずっと実家で遠隔授業を受けている」という、本来はあるべきではない深刻な事態が発生した。これは後期に入っても続き、ストレスが高止まりしていることは事実だ。だから、一刻も早く以前のような対面授業に戻すべきだ、という意見に説得力が生まれた。

しかし、降って湧いたオンライン化には、多くの大学教員や学生自身が、対面授業では得られなかった新しい価値や可能性を見いだしている。遠隔か、それとも対面か——の二者択一の思考をすると大事なことを見誤る。オンライン化によって大学で何が起きているのか、そして起きようとしているのかを、大学教員や学生らの生の声を通じて、次章から見ていきたい。

第2章

走りながら考え、教えながら悩んだ大学教員から見た「オンライン授業」

オンラインと「現場」を結びつける

「質問・意見のある人、いますか〜」

司会進行役の学生が呼びかける。パソコンディスプレー上で九つに分割された画面の一つ一つに顔が映し出されて並んでいる。その中の一人が「はい」と手を挙げた。

「すごく広島に行きたくなりました。広島の農産物で有名なものは何ですか？」

「えーと、レモンぐらいしか知らなくて……」

困り顔の返答に、くすっという笑いがいくつも重なり合ってスピーカーから響く。気心の知れた仲間同士だけが作り出せる柔らかな空気。その揺らぎが静かに収まりかけると、また一人、手が挙がる。

「広島が抱える多くの課題はわかりました。その中で自分自身では何が一番重要だと思いますか？」

発表者を務める学生の顔が引き締まる。

「地域格差だと思います。私は広島市内に住んでいるので意識してこなかったのですが、調べていくと、県内でも人が少ない地域では農業の後継者がいないなどの問題があります。（全国的に有名な『熊野筆』の産地）熊野町でも人口が減少しています」

一つの質問に対する答えが新たな問いを生み、次々と新しい化学反応を引き起こす。それが「学びの場」としての教室の役割だ。

オンライン授業をのぞいてみると……

だが、その「教室」は実在しない。

東京都八王子市にある拓殖大学国際学部（八王子国際キャンパス）の2年生が参加してオンラインで行われた、ゼミナール形式の授業の一コマである。ゼミでは同学部の徳永達己教授の指導の下、1年間をかけて〈地方創生（まちづくり）の実践を通じて国際開発について考える〉というテーマに取り組む。シラバスには「授業の目的及び到達目標」として、〈地方創生（まちづくり）の調査・研究を通じて、将来国際開発の分野やまちづくりの活動において、プロジェクトのリーダーとして活躍できる知識と基礎的な経験を得ることを目的とし、開発の理論を踏まえ実践的な政策提言ができきる能力を身につけることを到達目標とします〉と示されている。

２０２０年度の後期授業が始まって間もなくの時期に行われたこの日の授業は、「学生の地元発表」という内容で、発表者の学生が自分の「地元」（出身地）について紹介し、同時に地元が抱えている課題や、それに対して考えられる解決策を挙げていく。そして、発表を聞いたゼミ生が質問や意見をぶつけ、それに答える形で地元が持つリソース（資源）をどう生かしたらいいかなど、課題解決のアプローチにさらに具体性を持たせていこうという試みだ。

Ｚｏｏｍのミーティング機能を使ったゼミに参加する学生は10人。いわゆる「同時双方向型」のオンライン授業だ。徳永研究室に陣取る2人が進行を担当し、発表者も含めたほかのメンバーは自宅などから遠隔で加わっている。当日、発表に立った学生の地元は「広島県」。

発表者の説明に合わせて、パソコン画面には広島県の地図や、人口など同県に関わる基本情報、マスコットキャラクターの写真が相次いで映し出される。Ｚｏｏｍの「画面共有」という機能だ。ミーティングの「主催者」は徳永教授だが、学生ら「参加者」も自分のパソコン上にある資料（画面）を、ほかの参加者の画面に表示させることができる。

画面は「広島風お好み焼き」から世界遺産の「厳島神社」、そして「原爆ドーム」へと次々に切り替わっていく。ツールさばきは、さすがに手慣れたものだ。関西風のお好み焼きとの違いや、原爆ドームが「負の世界遺産」と呼ばれていることなどが説明され、硬軟取り交ぜた流れに工夫がある。

オンライン時代の新しい「作法」!?

厳島神社がある宮島（廿日市市）のしゃもじを紹介する画面にかぶせて、「うちも一年に1回、宮島に行ってしゃもじを買います」と発表者。対面授業であればパワーポイントで作った資料をプロジェクターを使って映し出すのが一般的だが、それと比べて少しも劣らない。というよりも、リアルな教室ではありがちな、スクリーンが遠くて見えづらいとか、明かりが反射するとか、前の席の人の頭で隠れてしまう……といったことがなく、ストレスフリーで集中できる。

広島県が持っている「資源」をざっと押さえたところで、視点は同県が抱える「課

題」へと進んだ。発表者が挙げたのは、▽女性の健康寿命が短い（全国最短レベル）▽観光資源がある地域とない地域の格差▽空き家問題（100軒につき約15軒）▽海底ごみ問題（瀬戸内海に大量のごみが堆積している）――など。そして、発表者自身が考える「解決策」として、例えば空き家問題では地域の集会などを空き家で開いて有効活用するとか、海底ごみ問題については、小・中学生を巻き込んだごみ拾い運動を行い、メディアで話題にしてもらうといったアイデアが披露された。

発表が一段落するとほかの参加者を交えての質疑応答タイムとなり、この章の冒頭で述べたシーンに移っていくことになる。印象的だったのが、発表者に突っ込みを入れる立場のほかのゼミ生が、質問を投げかける前に必ず、「広島には3回くらい行ったことがあります」とか「修学旅行で行きました」とか、あるいは「一回も行ったことはないですが、広島に興味が湧きました」などと丁寧な感想を述べたことだ。発表内容がしっかり理解できたというメッセージだろう。

教室で互いに顔を合わせていれば、あえて「話がわかった」と言わなくても、その場の空気として通じることが多いが、オンラインでは必ずしも伝わるとは限らない。解決策への評価は人それぞれに違いないが、発表者の問題意識を理解し、共有していることを初めに確かめ合うのは、オンライン時代の新しい「作法」でもある。

「実践的な政策提言ができる能力を身につける」ことを目標とする授業なので、出される質問は鋭い。「女性の健康寿命が短い理由は何ですか」と切り込む。即答できないと「調べてわかり次第、回答します」と切り返すが、その一方で「30代女性の未婚率なども関わってくるかもしれません」と、その時点で答えられることは答えようという姿勢が見られる。

必ずしもオンラインに限ったことではないのかもしれないが、第1章でも触れたように、同時双方向型のオンライン授業で、学生の積極性が目立つというのは、よく聞かれる現象だ。対面授業だと「間違ったらどうしよう」とか、「こんなことを言って笑われたら嫌だな」と考えがちだが、オンライン授業では議論がより活発に進むことは珍しくない。

誰に向かって話せばいいのか？

この日は徳永教授に「ゲスト講師」という立場で呼んでいただき、自宅のパソコンを通じて、オンライン授業に参加した。ゼミ生の質問が一巡したところで、徳永教授に促されて発表者に質問をする機会を与えられた。発言するのはもちろん、オンライン授業を受けること自体初めての経験だ。

「海底ごみ問題」の解決策について聞いてみた。小・中学生のごみ拾い運動をメディアに報道してもらい、話題性を盛り上げるという手法を提案したのにはどういう背景があるのか。発表者が答えの中で教えてくれたのは、自らの小学校時代の経験だった。

１９４５年８月６日、広島市に落とされた原子爆弾による被爆体験をもとにして、戦争の愚かさと平和を求める人間の強さを描いた自伝的漫画『はだしのゲン』の作者・中沢啓治氏が学校を訪れ、原爆の恐ろしさを話してくれたのだという。その様子を地元のテレビ局が取材し、放送したことをきっかけに、地元でも改めて核兵器がもたらす悲惨さについて、もっと知ったり考えたりしようという機運が盛り上がった。そのことに学ぼう、というわけだ。

さて、このようにオンライン上で質問をしたり、自分の考えを述べたりして気づいたのは、誰に向かって話せばいいのかわからず、少なくとも最初は戸惑う、ということだ。パソコン画面には10人のゼミ生の顔が並ぶ。にこにこしている人、あまり顔つきに変化がない人と表情はさまざまだ。たとえ愛想笑いだとしても、笑顔を見せている人に向かって話したくなるのは人情だろう。しかし、ウェブカメラを使うオンライン会議ツールの特性上、ある人の顔を見て話したとしても、その人はこちらが視線を向けていることはわからない。

リアルな教室だったら、誰にも等しく目を配りながら話すように気を使うし、熱心にうなずいたり、笑顔をくれる人がいたら当然うれしくなる。また、あまり気が乗らないような表情をしていれば、できるだけ多く視線を合わせるようにして、話の土俵に上がってもらうように促すこともできる。しかし、オンラインでは顔の動きや視線の振り方を使ったコミュニケーションがやりにくい。その分、内容（面白さ）や話し方（話術）といった話のコアな部分が問われる――といえそうだ。

さらに、今回はゼミ生全員が〝顔出し〟で参加したが、一般的には同時双方向型のオンライン授業でも、学生側は「カメラオフ」が基本となっていることが多い。この場合、授業を行う大学教員の側は笑顔の学生を見つけて話しかけるようにすることもできない。学生の顔が見られない授業は、まるで壁に向かって独り言をつぶやいているようでやりにくいと話す大学教員は少なくないが、実際にオンライン授業に参加してみて、その心情が少しわかった気がする。

「遠隔」だからこそ伝わる現場感

授業の最後に研究室にいる徳永教授から発表者に対して、「広島の魅力とは何か」という締めくくりの質問が出された。この「地元発表」の授業では、教授はほとんど口を挟まない。学生たちが自ら話し、自ら質問し、自ら問題意識を深めていく。それがこのゼミの特徴のようだ。

「人が温かい、ということです。家の鍵を忘れた時に、家族が帰ってくるまで、よその家で待たせてもらいました。近所同士で互いに情報共有ができています」

発表者のその答えには実感が込められていた。あえて言えば、「人が温かい」のは広島県に限ったことではないだろう。だが、まさに「地元」から発表しているという、物理的・心理的な条件が言葉遣いに色濃く影響しているように思う。つまり、同じことを話しても説得力が違う。

後述するが、オンライン授業が持っている最大のメリットは「どこにいても授業に参加できる」ことであり、その中で発信したり、表現したりすることが自由にできる。また、今回のオンラインゼミで発表者が行ったように、「画面共有」による資料の見せ方などは教室よりも優れているかもしれない。となると、より実践的な内容を扱う授業、例えば民間企業人材を外部講師として招く授業などは、わざわざ教室に来てもらうより、現場からオンラインで話をしてもらった方が、その場にしか存在しない空気感が伝わってくる可能性がある。

教室という、よくも悪くも社会と仕切られた空間に一堂に集まっているのか、それとも参加者がそれぞれの生活空間を維持しながら、互いにつながっているのか。それによって同じテーマや目的を掲げる「授業」でも、生まれてくるものが異なっていても不思議ではなかろう。つまり、それがオンライン化から飛び出してくる新しい価値であると同時に、はらんでいるリスクでもある――そういえそうなのである。

「同時双方向型」に求められる人間関係

ところで、一つ押さえておきたいのは、徳永ゼミのオンライン授業に参加したのは2年生であり、コロナ以前からすでに対面授業などを通じて一定の人間関係ができているということだ。これが仮に初対面同士がオンライン授業に臨んでいたとすると、これだけの一体感を土台とした同時双方向型の授業が作られていたかどうかはわからない。

「確かに、同時双方向型のオンライン授業を効果的なものにするには、参加者の人間関係をしっかり形成することが、まずは大切な条件になります。参加してわかってもらったかと思いますが、オンライン授業にはそれなりの長所があります。学生の反応を見ていると、今後は双方の長所を生かす、いわゆる『ハイブリッド』の形態で定着していくのだろうと感じます」

徳永教授はそう話す。よくも悪くも、授業を成り立たせているのは人間であり、さらにいえば人間の集団である。教員も含めた集団内の相互作用、化学反応が授業の営み、すなわち「学びというプロセス」に命を吹き込んでいる。知識も含めた「他者」との交わりによって、自分自身が変わっていくことが「学び」の意味であり、目的といえる。オンライン授業も無論、例外ではないのだから、その他者との交わりをどう作り出すのかが重要な視点となる。

オンライン授業はそれにふさわしい人間関係を求めるのか、それともオンライン授業が何らかの望ましい人間関係を生み出すのか、その問いについては、この本の中でもおいおい考えていくことになる。

教室という枠から「学び」を解放する

前節で紹介した「徳永ゼミ」のホストである徳永教授は、2015年から拓殖大学国際学部と同大大学院国際協力学研究科で教育・研究活動に携わっている。いわゆる「学究の徒」として、いちずに学問をしてきた人ではない。もともと長年、開発コンサルタントとして、主にアフリカの発展途上国で道路を造るなど、インフラ（社会基盤）整備のプロジェクトに従事してきた。

自分たちで「問題解決」するという手法

その徳永教授が得意としてきたのは「LBT」（Labour Based Technology）という手法。わかりやすく表現すると、「住民参加型の施工技術」といったところだ。例えば日本で過疎地などに道路を造る時のような、プロの技術者が現場に乗り込み、巨大な重機を稼働させてピカピカの道路を完成させる、というイメージとは異なる。

そこに住み、道路を必要としている人々自身が労働者として工事に参加し、そのプロセスに〝自分ごと〟として関わるという手法である。自分たちのことなのだから、お金の使い方にはシビアになるし、仕事の進め方も泥縄式ではだめだ。合意形成をしっかりと取り、設定された目標の実現に向けた体制づくりと、責任の明確化、役割分担が行われる必要がある。

住民参加型の「インフラのＤＩＹ」とも称されるが、そういう作業の中で、地域のコミュニティー自体が柔軟で強靭《きょうじん》な人間的つながりを持てるようになるのだろう。そう考えると、ＬＢＴの手法やベースとなる考え方は、発展途上国でのインフラ整備にとどまらず、日本の各地域が現在抱えている問題の解決に役立つかもしれない。

二つの「ジリツ」から視野を広げる

アフリカで住民参加型プロジェクトを支援した経験を生かした、日本国内での「まちづくり」の試みは、徳永教授のライフワークでもある。そのフィロソフィーを若い世代と共有し、現場で考え、動くことのできる人材を育てる場が「徳永ゼミ」だといえる。ゼミのシラバスは「地方創生（まちづくり）の実践を通じて国際開発について考える」だが、「国際開発」という大それた仕事も、一つ一つのプロセスに落とし込んでいくと、必要なのはコミュニティーの活性化、つまり人同士のつながりを結び直すことだ。それをどのくらいの規模やレベルで行うかで、目に見える「仕事」のありさまが変わってくる。

そう考えると、徳永ゼミが「学生主体」で進められていることの意味も見えてくるように思う。10人の学生が集まった時、それが例えば飲み会のためなのか、サークル活動なのか、授業なのかによって学生同士のつながり、相互の働きかけのあり方は変わってくるはずだ。目的・目標に沿った役割や立場の張りつけ、その場に応じたコミュニティーの最適化が行われるが、大事なのはそれが「自立的」かつ「自律的」になされることだ。この二つの「ジリツ」は、言葉にすると簡単だが、言うほど易しくはない。いずれか一方でも欠いた組織（コミュニティー）は立ち行かなくなる。

人であろうが組織であろうが、自立と自律が保たれていれば、特別な介入をしなくてもうまく回っていくし、成長していく。成長とは「自己」が広がること、自分ごとと考える範囲が拡張されることだ。どこまでを自己（身の内）と捉えて、自立的・自律的に動かせるかによって、その人やそのコミュニティーが持つ世界の大きさはおのずと定まっていく。

学生たちがゼミで指導されているのは、そういう関わりを持った視野の広げ方のように思える。若者はとかく「世界のことに興味や関心を持て」と言われるものだが、興味・関心を持つにも学びのアプローチが必要だ。そして、興味や関心を「共感」（＝自分ごととして捉える）のレベルにまで高めていく、それが「学ぶ」ことの醍醐味《だいごみ》といえるだろう。

オンライン授業には「二感」しかない

大学のゼミに参加する学生たちも一つのコミュニティーと考えれば、そこでどういう人間関係を作っていくのかは、より大きなコミュニティーを動かしていくための訓練であり、同時に現在進行形の実践でもある。そこにはもちろん大学教員も含まれるのであり、そういう「学びの場」を成り立たせることを考えた時、オンライン化はどんな意味や影響をはらんでいるのだろうか。徳永教授との一問一答で探ってみる。

――オンライン授業はどのように始まりましたか。

徳永「2020年4月上旬に大学から授業をオンラインで行うという連絡が来て、Zoomの使い方など、ほぼゼロの状態から勉強しました。ICT（情報通信技術）に苦手意識はなかったのですが、準備に時間が足りないと思いました。たまたま春休みに一定期間、ゼミ生対象の勉強会をしていたので、その『春ゼミ』を延長し、オンラインでやることにしました。感染症など国際的な課題に関する動画を学生に見せ、私が解説した後に全員で対策方法などをディスカッションする、これを毎日やりました。それでオンライン授業の進め方が、私も学生もお互いにわかりました」

――オンライン授業を始めて気づいたことは何でしょう。

徳永「一方的に話したり、情報をこちらから流しっ放しにするのは、お互いにストレスだということです。ほどよいところで学生の意見を聞き、授業にフィードバックするのが大事だとわかりました。同時双方向型の授業には適切なサイズがあります。聴いている人が多すぎるとテレビ講座のようになり、インタラクティブ性（相互性）がなくなる。ゼミだと10人くらいが限度でしょう」

――顔が見える関係が大事だということですね。

徳永「それでも人間関係ができていない人同士だと厳しいかもしれません。アイスブレーク（初対面の人同士が出会う時に緊張を解きほぐすための方法）という言葉があります。落語でいうマクラのようなものですね。クイズをやったりして場を和ませてから授業に入る。でもオンラインでは授業に入るまでに時間がかかります。例えばグループワークをする時、５人組になってくださいと言うと、グループを作る時にコミュニケーションが必要ですよね。それ自体がアイスブレークになるのですが、オンラインだとZｏｏｍの機能で即、グループ分けができてしまいます。人間は五感を使って他人と触れ合いますが、オンラインでは『見る、聞く』の二つしかないので、どうしても無理がある。

インドネシアから来ている留学生の大学院生の修士論文指導をオンラインでした時、お互いに英語はネイティブでないので、一回に2時間とか、すごく時間がかかるんです。たまたま例外的に対面で指導する機会があり、そしたら同じことをするのに30分で終わりました。なるほど、こうやってわかり合っていたんだなと思いました。対面だけでやっていた時には気づかなかったことです」

90分授業の「長さ」がわかった

――オンラインだと理解に時間がかかる?

徳永「少なくとも、対面の時よりは丁寧に教えるようになりました。正直言って、それまでは十分にわかっていないと思っても、後で質問の時間もあるからとパッパと進めていました。だから理解度はオンラインの方がむしろ上がっているかもしれません。その分、授業進行のスピードは落ちていますが」

――それはメリットの一つと考えていいのでしょうか。

徳永「オンライン授業では(筆記)試験を行うのが難しいので、課題を与えて評価する方法になるのですが、私の場合は課題として授業に備えた予習をさせました。それによって『出席点』をつけた。教科書を読んできているので授業の理解度が深まったといえます。また、就職活動で授業をリアルに聴けない学生に対しては、授業録画を見てリポートを書けば『出席』としました。こういう点では、オンラインのメリットが出てきますね。留学生など日本語が得意ではない学生は録画授業を何度も見たり、聴いたりすることで理解が深まる。つまり対面とオンラインのどちらがいいか、ということにはならない。『別物』という認識です」

――想定外だったことは何かありますか？

徳永「授業が長いと言われたことですね。90分授業なのだから、90分間ずっと授業をするものだと思っていた。私にしてみればサービス精神のつもりで。でも学生に聞いたら、『遅く来て、早めに出ていった方がいいに決まっているじゃないですか』と（笑）。パソコンの前で長く座っているのは身体的ストレスにもなる。

だから今では実際にしゃべるのは60分間にして、残りの30分は、例えばキーワードを一つ与えて、それについてネット検索などで調べ、自分の体験を交えて見解をまとめてもらうといった作業に充てています。そういうスタイルがあると途中で気づいて変えたのですが、オンライン化は、新しいことに対する教員の適応性を試験しているようなところがあります」

オンライン授業に「モデル」はまだない

――先生も変わらないといけない？

徳永「昔のビジネスモデルが通用しなくなった。昔のいい先生が、今のいい先生とは限らない。ただ最初の頃のオンライン授業に基づいて、この先のことを評価するのは早いと思います。オンライン授業でもホワイトボードに書き込みながら話をしますが、はっきりいって技術が追いついていない。まだまだユーザーフレンドリー（使いやすい）とはいえないし、テレワークの限界（人の交わりがなく、イノベーションが起きにくい）と同じです。

学生による『顧客満足度』を考えた場合、オンラインツールに適応しているか、いないかで満足度、つまり先生の評価が変わる。人気ユーチューバーのようなスタイルで教える先生が重宝されるようになります。しかし、ノーベル賞を取るような研究者がプレゼンテーションにたけている必要はありません。そこは学生もわかっていないといけない。大学で何を教えるのかという根本、つまり学生が自分で何を考えるのか。

そのために大学はあるはずなので、小手先だけにこだわると見失うものがある」

――オンライン授業の形はまだ定まっていない？

徳永「大学生に求められるレベルを考えた時、グループワークや問題解決型の授業が取り入れられなければならない。そういう活動にオンラインが追いついていけば、また違うと思います。オンライン授業の参加者を少人数に分ける機能はＺｏｏｍが優れていますが、そこで深い議論ができるのか？　誰と誰が組んでどういうグループを作るのかも実は大事です。『全体責任』という言葉がありますが、一人のミスに対してグループ全員が責任を負うのは一見理不尽です。でも半面、グループの一人がミスをすると結局は皆が困るので、力量の低い人を全員で助け合うというグループの能力を高める側面もあるのです。社会を〝回していく〟ことを考えた場合、重要な観点だといえます。現状のオンライン授業では、そこが育たないかもしれない」

――望ましいオンライン授業とはどんなものでしょう？

徳永「オンライン授業、イコール『パソコンに向かい合う』というのではなく、一つの決まった場所から、学びを〝解放〟してあげるという観点が必要だと思います。授業は屋外でも教室でもできるし、受けられる。パソコンの画面だけに縛られることはありません。行動の自由が生まれ、よりリアルに授業ができる。今までは教室というスペースの中にいることが前提で、外に行くことをしていなかった。思考が止まっていたのです。そうではなく、学ぶべき対象があるフィールドに出ていく。〝現場〟にいて、そこで情報を取り入れるためにオンラインを活用するという発想です。オンライン化には学びの〝枠〟を取り払う効果があった。目を開くチャンスかもしれません」

「オンライン」で「対面」は代替できるのか

徳永研究室が〝飛び出す〟先の主なフィールドとしているのが、山梨県富士川町だ。甲府盆地の南西部に位置し、約1万5000人が暮らす。ご多分に漏れず、人口減少が年々進んでいる。国際学部がある東京都八王子市と山梨県は距離的な利便性があり、徳永研究室の学生たちは2015年から一貫して、富士川町のまちづくりに参加している。お互いの信頼関係は深く、19年には「サテライト研究室」が富士川町役場別館の一室に設けられたほどだ。

課題を総ざらいしたうえで制度設計

その富士川町を舞台にして、拓殖大学と交流しながら活動を行っているのが、山梨県立大学だ。両校の学生による協働プロジェクトは、18年度の内閣府「地方と東京圏の大学生対流促進事業」に採択されている。山梨県立大学は05年に開学、国際政策学部、人間福祉学部、看護学部の3学部で約1100人が学ぶ。5学部に約8700人の学生がいる拓殖大学に比べれば小規模だが、加えて東京と地方、私立と公立という色合いの違いもある。置かれた環境や設置形態などの違いは、他大学との協働にプラスの効果を与えていると思われるが、オンライン化への取り組みに何か特徴はあるのか。

「文科系の大学としては、(オンライン化対応は)よくやった方だと思います」

そう話すのは、山梨県立大学国際政策学部の学部長を務める八代一浩教授だ。一般的にICTに通じている理系の大学や学部、教員の方がオンライン化への対応はスムーズだったといわれている。文献を読むだけならまだしも、対人コミュニケーションを重視する文系は「遠隔」へのハードルも高い。加えて同大ならではの困難さもあった。

「看護系と介護系があり、それぞれ実習などで病院や施設に行かなければならないが、2020年の前期はコロナの影響でそれが難しかったので、後期に回せるものは回すなどして対応しました。また国際系では留学生がいるので、中国に一時帰国していた学生が戻ってこられないなどの事態が発生しました。そういう課題を一つ一つクリアしながらオンライン授業を設計しました。学部構成が多いと大変だったと思います。東京都内の大学では前期はパワーポイントの資料を配っただけの授業もあったと聞きますからね」（八代教授）

小規模大学だけに小回りが利いたということだろうか。八代教授はＩＣＴ教育の専門家であり、文部科学省のＧＩＧＡスクール構想（児童・生徒に１人１台のコンピューター端末を整備し、子どもたちの学びをデジタルで支援する政策パッケージ）に沿った先進的な試みを行っている。同大学長に授業のオンライン化を提言したのも自身だ。20年３月20日のことだったという。

「2カ月くらいしのげればいいか……」

――オンライン化を提言した当時の認識を教えてください。

八代「その時は２カ月くらいしのげればいいかな、と。いずれ対面授業に戻るだろうと思っていました。ところが間もなく、前期いっぱい対面は無理だとなり、オンライン授業の方針を決めるプロジェクトチームを作りました。大きな大学だと情報処理センターが担当するのでしょうが、本学にはないので、ＩＣＴとか教育学とか、各分野に通じている6人で始めました。まずは（国際政策）学部の授業をどうするかを考えていましたが、それが全学的に広まりました」

――そこでは何をしたのでしょうか。

八代「まずは制度面の検討ですね。（大学卒業に必要な）１２４単位のうち、オンライン授業で取れるのは60単位までと決まっていますが、それは超えないだろうと判断しました（※文科省は20年3月24日付の通知で、コロナ危機に対応したオンライン授業は「60単位」に含まれないという見解を出した）。また、書籍のページをＰＤＦにして学生にオンライン配布しても著作権侵害に当たらないことを確認するなどです。

技術的な検討ももちろん必要です。インターネット環境があるかといったことを、学生にアンケートをして聞きました。その結果、学生は対応してくれそうだという感触を得ました。公立大学の役割として、あらゆる学生に機会を保障することが重要です。最悪、自宅では対応できないという学生がいた場合、ノートパソコンの貸し出しができるといううめども立ちました。もっともスマホ保有率が１００％なので、何とかなるとは思っていました」

――先生方へのサポートはどうしましたか。

八代「４月中旬に全学の教員対象に研修会を開きました。そこで話したのは、基本的にメールが使えれば何とかなる、ということです。『大学とは何ぞや』『教育とは何ぞや』という問題に関わってきますが、ＩＣＴがなくても、いわゆる『赤ペン先生』（通信添削）に近いようなことでいいんです。課題を設定して、評価する――それができればいい。そのうえでツールを使うにはどうするかを考える。推奨したのはグーグル・クラスルームです。これをＬＭＳとして使えば、資料の提示、課題の提出、採点、フィードバックができます。付随している『グーグル・ミート』（オンライン会議システム）を使えば、同時双方向型の授業ができる。シンプルであることが結果的によかったと思います」

オンデマンドで苦労した教員

――実際にオンライン授業を始めてみて、いかがでしたか。

八代「ゴールデンウィーク明けが授業開始で、特に試行期間は設けず、あらかじめ新

1年生向けのオリエンテーションをオンラインでやって、問題がないことを確認しました。9割方の教員がグーグル・クラスルームでミートを使いましたが、二つのパターンに分かれました。一つは今までやってきたことをオンラインに置き換えるやり方です。主に200人くらいの大教室でやってきた講義ですね。もう一つのパターンは、せっかく学生が1人1台、パソコンを持っているのだからアクティブラーニングをしようと試みる。開始30分前にクラスルームにパワーポイントの資料を上げておき、それをもとにディスカッションするという授業です」

――想定外だったことはありますか。

八代「思ったよりオンデマンド配信型の授業をした先生は少数派でした。オンデマンドは手がかかります。授業のコンテンツをしっかり作り込むのは大変です。加えて課題の採点やフィードバックもある。100人を相手にしたら、1人分を1分程度でこなしても、2~3時間かかる。以前は紙に赤ペンを入れていたのをパソコンでやらなければいけない。」

――学生の反応はどうでしょう?

八代「ウェブカメラのオン、オフ問題があります。同時双方向型の授業の時、学生が自分の顔を出したがらないことが多いですが、パフォーマンスは『オン』の時の方が高い。『オフ』だと学生が授業を聴いているのかどうかわからず、先生の方もやる気が出にくい。ある先生が同じ内容の授業を2年生と3年生に対して別々にやった時、2年生はオン、3年生はオフだった。すると、2年生には課題を6回出したのに、3年生には2回しか出さなかったそうです。

学生の顔が見えないと1コマ90分の授業中、ずっとモチベーションを維持するのは難しい。それでもひたすらしゃべる先生は、これまでの授業をただオンラインに置き換えたという人で、オンラインと向き合っている先生は、いろいろと工夫されています。もっとも、この問題を解決するのは簡単で、履修科目選択のためのシラバスに『ビデオはオンにしてください』と書いておけばいいのです」

学生のモチベーションが鍵になる

――まだ手探りという印象ですが、対面授業と異なる潜在性があるとすれば何ですか。

八代「1人1台パソコンを持っているのは強みです。リポートの書き方を教える授業をやって評判がよかったのですが、一人一人のリポートを互いに全員が見て評価する。リポートを採点する側になることで、何が足りないのか、どう書いたら伝わるのかがわかってくる効果があります。それはパソコンがなければできません」

――オンラインの利点として、大教室で行われてきた講義形式の授業なら、オンデマンド配信型の方が便利だという声が多いです。

八代「私がオンデマンドで行った授業でいえば、1年生向けにマイクロソフトのオフィス（文書作成ソフトの『ワード』、表計算ソフトの『エクセル』、プレゼンテーション用ソフトの『パワーポイント』など）の使い方を教える内容です。入学してきたばかりでパソコンスキルがバラバラなので、まずはビデオ配信を見させて、わからないところは個別に聞いてもらう。そういうものならオンデマンドでいいでしょう。

しかし、大学の授業がオンデマンドでどこまでできるのか。放送大学はいわば全部がオンデマンド型授業ですが、受ける側に『学びたい』というモチベーションがあるからOKなのです。それがない学生の場合、オンデマンドで効果を上げるのは難しい面もある。単純にオンライン化できるもの、オンデマンドに置き換えられるものなら、自分がやらなくてもいいかもしれない。オンデマンド化できないものこそ、大学教員は教えていかなければならないと思います」

「対面」と「オンライン」の重なり方

ここまで、山梨県立大学の取り組みについて見てきた。八代教授が話した「２カ月くらいしのげば、対面授業に戻ると思っていた」という感覚は、大学関係者にほぼ共通しているに違いない。コロナ危機に直面し、キャンパスを閉じざるを得ない状況に置かれてなお、「学生の学びを止めてはいけない」という一心で、慣れないＩＣＴと付け焼き刃で格闘してきた大学教員は多い。

しかし実践を重ねるほどに、対面授業でできることと、オンライン授業でできることは同じではない――そのことが誰の目にも見えてきたのではないだろうか。

中学校の数学で習った「ベン図」を思い出してみると、二つの授業でそれぞれできることの集合は、一部重なり合っているが、そうではない部分もある。必要なことは、①対面でもオンラインでもできること（オンラインに置き換えが可能なこと）②対面でしかできないこと（オンラインに置き換えられないこと）③オンラインでしかできないこと（ほとんどの人が未経験だったこと）の三つに切り分けて考えてみることだろう。

　多くの大学関係者が気づき始めているのは、①の領域の広さはおのずから決まっているのではない、ということだ。オンライン化を巡って現場で起きるさまざまな困難、トラブルの多くは、その見定めが人によってズレていることが原因のように思われる。つまり、①の領域を無条件に広く想定しすぎると、できないこと（②）をオンライン授業に求めるはめになる。学習へのモチベーションを保つ訓練が

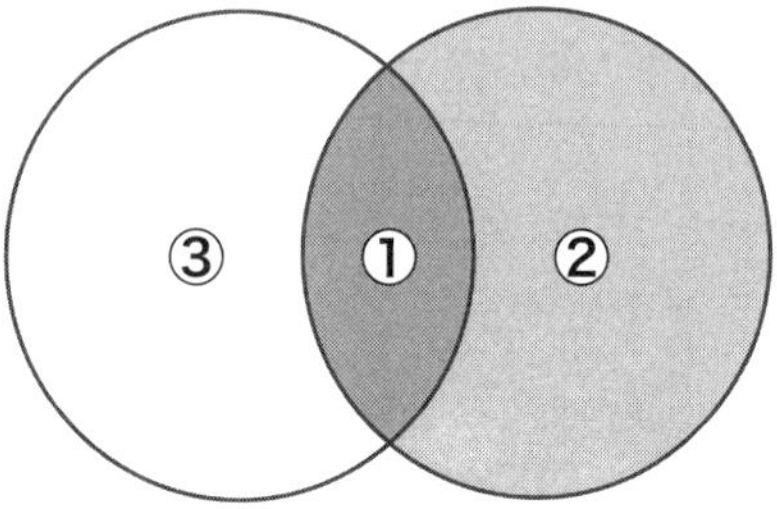

足りない学生に対して、オンデマンド配信型授業を行い、課題を出すだけでは、効果は期待できない可能性がある。
　コロナ危機によりキャンパスへのアクセスが制限されている間は、できる限りの工夫をして①の領域を広くすることが大事だが、同時にこの状況が浮かび上がらせたのは、以前なら目に映りにくかった②の領域と、初めて見る③の領域である。②は「大学とは何か」「教育とは何か」という問いに関わる、失ってはいけないコアの部分で

あり、③は大学の新しい形や機能、つまりもう一つのコアとして発見されていく部分かもしれない。「オンデマンド化できないものこそ、大学教員が教えていかないといけない」というのは金言であり、対面授業が持つ唯一性を述べているばかりでなく、オンライン授業の価値はどこにあるかを見据えている。

２０２０年度の後期から本格化しているハイブリッド授業は、ややもすると①と②のせめぎ合い状態に陥りやすい。「対面がいいか、それともオンラインがいいか」という思考の二極化である。そこから抜け出し、①〜③のベストミックスを模索する努力は、ポストコロナ時代の「大学再起動」に当たって、きっと実を結ぶことだろう。

第3章

「教室」が消えた！学生たちは「大学」に何を求めているのか

一度も通えない！ 新入生親子のリアル

「正直、対面授業に比べると〝身になっている〟感じはしませんね」

2020年春、東京都内の私立大学経済学部に入学した男子学生のAさんは、オンライン授業を受けた感想についてそう話す。

大学の授業開始は5月の半ばで、入学式はなかった。新入生向けのガイダンスも動画配信で行われ、前期は一度もキャンパスに行くことはなかったという。実はAさんは個人的な事情で大学を1年次に辞め、そして再び同じ大学に入り直した経緯がある。つまり、ほぼ同じ内容の必修科目の授業を対面とオンラインの両方で受けるという、とても興味深い体験をすることになった一人なのだ。

通信制の大学と変わらない

大学は後期からハイブリッド授業に移行したが、各学部が必要と判断した科目のみを対面で行い、「遠隔授業を基本」とする方針だ。経済学部の1年生は体育実技を除き、オンラインのみの授業が継続されているという。家族と暮らす埼玉県内の自宅にいながら、日々の授業を受けているAさんに話を聞いた。

――オンライン授業はどのように行われていますか。

「時間割に従って配信されるオンデマンド授業をパソコンで受けています。先生があらかじめパワーポイントで作った音声ファイルつきの資料を見て、出された課題をこなすという内容です。１コマの授業が90分で、課題を含めると、少なくとも2時間から2時間半はかかります。決められた時間通りに受けなくてもよく、自宅で自分の好きなタイミングでできるのでリラックスしてやりますが、なかなか頭に残りません。先生に質問をしても、すぐレスポンスがあるわけではないですし」

――課題の量や提出期限などについてはどうでしょう？

「課題の締め切りは次の週の授業までとか、先生によっては1カ月後でもいいとか、まちまちです。授業の内容を４００～８００字でまとめるといったものが毎回出されますが、それに加えて、２０００～３０００字の長めのリポート提出が求められることもあります。課題はほぼすべての授業で出され、僕の場合は1日3コマ、週に15コマくらいの授業を取っているので、放っておくとどんどんたまってしまいます。ただ、通学時間がないし、サークル活動がなかなかできず土日も空くので、（課題をこなすのに）そんなにしんどくはありません」

――対面授業と比べるといかがですか。

「個人的には、大変さでいうと対面授業の方が上だと思います。期末試験ができないので課題がたくさん出されるのですが、逆にいえば、毎回出される課題をきちっとやっていれば、単位はもらえます。試験で落とされる不安がないというのは大きいと思います」

――大学に通えないつらさや、寂しさなどはありませんか。

「もちろんあります。やはり対面授業を受けていないと、友達はできにくいですね。遊び友達という意味でいえば、高校時代の友人が多いので、その点で寂しくはないのですが、やはり大学の話ができる友達が欲しい。前期はツイッターの『#春から○○大学』というハッシュタグを使い、ネット上でつながって交流していました。大学からはもちろん必要な情報は来るのですが、ツイッターでほかの学生がどう動いているのかを確認するという感じですね」

――オンライン授業について改めて言いたいことはありますか。

「単位を取るだけならオンラインは楽だと思いますが、大学には行きたいですね。全部オンラインなら、通信制の大学と変わりませんから」

通学しなくてもいいとか、オンデマンド配信型なら好きな時に授業を受けられるという利点はあるが、かつて対面授業を受けた経験と比べると、オンライン授業にはやはり〝物足りなさ〟を感じていることがうかがえる。

「人質に取られている……」

ところで、今回の取材ではAさんの母親（40代後半）にも話を聞くことができた。すると、Aさん本人とは若干、受け取り方に差があるようなのだ。

――大学の授業を自宅で受けているAさんの様子を見て、どう思いますか。

「オンラインの方が緊張感があるように思います。Ｚｏｏｍによる（同時双方向型の）授業もあり、そこでは先生が『△△についてはｘｘさん、どう考えますか』と学生を指名したりするので、うかうかしていられません。私自身が大学生だった頃は大教室での授業が多く、先生が板書をしている隙にさっと出ちゃったりしていましたから」

――対面授業よりもいいということでしょうか。

「大学に入り直した今の方が大変なように見えますが、逆にその方がいいのかなと思います。授業のたびに課題が出され、やることが多い分、本来の勉強ができているという感じです。もともと宿題などはすぐに片づけてしまう性格でもあり、オンライン授業は本人に合っていると思います」

――授業の内容は評価できるとして、大学に通えないことはどう思いますか。

「大学の友達が作れないのは問題だと思います。遊んでいるのは中・高時代の友達だけですから、人間関係がそこで止まってしまい、広がっていかないのが心配です。大学時代は勉強のことだけでなく、時には友達とばかをやったりして成長していくものですから、その機会が奪われてしまっているのは、決して望ましいことではないと思っています」

――後期からはハイブリッド授業を取り入れた大学が増えています。

「息子がいる大学では後期も基本、オンラインのみです。実は週に１コマだけ、体育の授業に出るつもりだったのです。ところが、その曜日は１〜３限がオンライン授業で、４限目の体育だけが対面なのです。３限まで埼玉の自宅で授業を受けたとしたら、都内のキャンパスにいつ移動すればいいのでしょうか。だから結局、体育の授業を取るのをあきらめて、後期も全部、オンラインのみの授業になってしまいました。子どもがずっと家にいるので、いわば〝疑似ひきこもり〟を体験しているようなものです。私も仕事を持っているのですが、子どもが学校に通い、部活もしてバイトもして……というふうであってこそ、安心して働ける。亭主も子どもも〝元気で留守がいい〟のです」

――大学に通えないとして、施設費など「学費返還」を求める声も多く上がりました。

「大学側からすれば、施設の維持・管理費はかかるだろうから、学費を返せないという言い分はわかります。しかし、実際に使っていないのだから、少しは配慮してほしいとは感じます。少なくとも学生自身や、学費を払っている親に対して、ＩＣＵの場合（※後述）のように、大学側から直接、一言あってしかるべきだと思いますが、いまだに何もアナウンスはありません。大学は本当に殿様商売だと思います。親は子どもに卒業資格を与えてもらわないと困るのです。何か言って、面倒くさい親だと思われたら成績を下げられてしまうとか、そんなことはありえないと頭ではわかっていても、どうしても〝人質に取られている〟と考えてしまいます」

ICU学長の「一本のメール」

第1章の「ある大学教員のリアルな声」で見たように、オンライン授業は始まるやいなや、「親の目」という厳しい洗礼にさらされた。

授業の日時や時間が守られていない▽多くの授業で平時より多くの課題が出され、こなしきれない▽教員への質問メールへの返信が遅い・来ない、そもそも問い合わせアドレスの情報がない▽施設を使用していないにもかかわらず、施設費の面が従来通りとはどういうことだろうか▽パソコンやタブレットと長時間向き合う疲労が大きい▽（特に1年生は）学生間での授業に関する情報共有が難しい――そのような苦情、クレームがどの大学にもどっと押し寄せた。中には具体的な科目や特定の教員を名指しで批判する内容も少なくなかったようだ。

もちろん大学側も動いた。前期が終わった段階などで学生へのアンケートを実施し、結果に基づいて各教員に授業内容や方法の改善を促す文書を配布したり、教員向けのセミナーなどを開催した大学もある。一大学や教員らの努力では解決しにくい、遠隔授業そのものが持つ構造的な問題がクレームの原因となっている場合もあるが、オンライン授業に対する学生や親の不満を集約しつつ、現場の教員も含めて共有に努めることは、今どきの大学にとって必須のことだ。それは「顧客満足度」を上げようとする努力にほかならない。だが一方、先ほど見たように、簡単には「もの申せぬ」と話す親の存在を知ると、大学側に直接ぶつけられる声は、やはり氷山の一角だと認識せざるをえないようだ。となると、大学側に必要なことは、学生や親の意見が届くのを待ち、それに反応するというよりもむしろ、自ら積極的にアナウンスしていく姿勢なのではないか。

その点で注目されるのが、Ａさんの母親の談話の中でも触れられた、「学費返還請求運動」を巡るＩＣＵ（国際基督教大学）の対応だ。ＩＣＵが前期（春学期）授業の全面オンライン化を決めたことに対し、同大の学生たちの間で、「施設費の減額」などを求めるる声がメールやＳＮＳによって拡散された。そこで掲げられている大学側への訴えの主な趣旨は以下の通りだ。

▽納めた金額に見合ったサービスを受けること、つまり従来の環境での教育（対面授業の実施）を期待する
▽オンライン授業は、大学が学生に約束した教育とかけ離れている。図書館、体育館などの施設を使用できなくなるだけでなく、教員との直接的な交流や指導という貴重な機会を失う
▽多くの授業がキャンセル・延期されると、卒業を控える学生ほど不利になる可能性がある

大学の教育が消費の対象としての「サービス」に当たるかどうかには議論の余地はあるが、これまでとは異なる教育環境、それも「キャンパスに通えない」という、大学としての条件が疑われるような激変した状況が発生しているのに、何ごともなかったように同じ授業料や施設費をのほほんと請求されてはたまらない、というのは当然

の話である。

とはいえ、主張がいくら正当で説得力があっても、学生がネット上で声を上げたり、運動を行うことに対して、大学が反応することはまれだろう。なかったことにされるか、ややもすれば、運動を始めた学生があぶり出され、非公式な「指導」の対象になるかもしれない。前出のＡさんの母親のように〝やぶ蛇〟を心配する向きも多いことだろう。

だが、ＩＣＵは違った。学生たちの声が上がって間もなく、岩切正一郎学長から「疑問への回答」などと題されたメールが、同大の学生全員に送られたのである。そこでは、施設費は「施設利用料」ではなく、将来にわたって学生が継続的に使用する施設を取得・維持するための費用である旨のことが書かれていた。あくまで大学側の解釈、言い分ではあるのだが、言葉を尽くし、問題点を共有し、理解を醸成しようとする姿勢は、大学教育のプロセスそのものである「ダイアローグ」（対話）を意識したものだろう。

岩切学長はその後、メディアとのインタビューでこう語っている。

〈学生からの要望書が来たからメールを出したのではなくて、受け取る前に出しました。もちろん、要望書が来るらしいという話は聞いていましたが、大学側も学費や施設費の問題について、見解を出さなければならないと考えていたタイミングであったからです。そして、公に外部向けに書くのではなく、学長名で学生に語りかける形で学生個人宛てにメールを送りました。というのも、今回の大学のスタンスは、〝お願い〟だからです。（中略）結局、大学が言いたかったことは、「学費も施設費も返しません」というシビアな内容です。それが、納得感を持って広がってくれました〉（『週刊ダイヤモンド』２０２０年8月8・15日合併号）

学生が教室に集められ、先生が教壇から知識を授ける――そのありさまにほとんどの人が疑問を抱かなかったのが、プレコロナ時代だったとしたら、一度は消滅した「教室」を今、成り立たせているのは「双方向」のやり取り以外にない。大学と学生、あるいは教員と学生の関係がよくも悪くもフラット化しつつある。それに両者が気づかないと、さまざまな意識の食い違い＝クレームとして表れるのではないか。

大学教育とは「対話」である、それが見えてきたのであれば、オンライン化は少なくとも一つの成果をもたらしたのだといえる。

学生の学生による学生のためのオンライン

大学で何を学ぶか——この問いにはさまざまな答えがあり、同時にまた、とても答えにくい問題でもあるだろう。人それぞれ、人生の目標や目的があり、大学進学はその過程に位置するからだ。ただ、共通していえることが一つあるとすれば、「問題解決の方法を学ぶ」ということが挙げられるだろう。

入学試験はもとより、定期試験や毎回の授業で出される小テスト、課題・リポートなど、学生たちの目の前には常に「問題」が差し出され、半ば反射的に鉛筆を動かすことが習い性になっている。頭の中にしまっている情報や、場合によっては教科書や参考書、関連書籍の力を借り、あるいはインターネット検索などを総動員して問題を解く。これは評価そのものであると同時に、問題解決の方法を学んでいるプロセスでもある。

しかし、「解く」だけが問題解決を意味しない。その中には「問題発見」、すなわち問題を生み出す事柄を認識し、その何が問題であるのか、解決すべき対象を浮き立たせる作業が含まれる。「何がわからないのか」が「わかる」ことが問題解決の第一歩であり、同時に最も重要なステージといえる。

漠然とした生きづらさを抱えている人が、生きづらさの原因を見つけることによって、そこから自分の力で解決に近づいていくことができる。そうすれば、金運財布をいくつも買ったり、エセ宗教にのめり込むこともなくなる。人生の長さが無限なら、行き当たりばったりに行動していればいつかは正解にたどり着くだろう。しかし、人生は有限であり、大抵は短い。何をするにも、さいころを振って出た目によって行動を決めていたら、すぐにたそがれがやってくる。

問題解決の方法を学ぶのは、無駄な試行錯誤に貴重な時間を費やさないようにするためだ。大学には、長大な歴史の中で人類が獲得してきた膨大な知識がしまわれている。それを全部覚える必要はないし、そんなことは誰にもできない。大学で学ぶのは、知識の使い方だ。自分や、自分を含めた共同体が直面する問題を発見し、解決していくために、知識をどのように駆使していけばいいのか、そのルールや作業手順を、確立された体系を持つ学問という道具を使って覚えていく。

その過程の中で、たまに新しい知識や識見が生まれることがあり、するとそれを巨大な知識の集合体に加える名誉が与えられる。そうやって、知識が人間の営みによってぐるぐると回っているのが、大学という「場」なのである。

拓殖大学生が卒論のテーマに

余談がすぎたが、まさに大学のオンライン授業について「問題発見」を試みた現役学生がいる。前章で登場した拓殖大学国際学部の徳永達己教授に卒業論文の指導を受けた同学部国際学科4年（2020年度現在）の鈴木波龍さんだ。

徳永ゼミが山梨県富士川町を舞台に、まちづくり・まちおこしに取り組んでいることは先に述べたが、同ゼミは20年11月に開催された「第1回学生地域づくり交流大賞」最終審査会で優秀賞を獲得した。富士川町の郷土料理「みみ」を使った地域活性化活動をテーマにした発表内容が高く評価された。ゼミの中心メンバーとして発表役を担ったのが鈴木さんだ。自分の手を使って調べ、自分の頭で考えるトレーニングを積んだ現役学生の目にオンライン化はどんなふうに映ったのか。

「4年ということもあって、自分自身はそう多くオンライン授業の科目を取っていなかったんです。でも、周りの評判があまりにもよくなくて、ちょっと調べてみようかなというのがきっかけですね」

鈴木さんはそう話す。鈴木さんは卒業論文のテーマとして、ズバリ「オンライン授業」を選んだ。

「少し聞いてみただけでも、教授によって授業の方法に差がありすぎるとか、学費分の回収ができないとか、グーグル検索をしたのと同じくらいの知識しか得られないとか、少なくない人がオンライン授業に不満を持っていることがわかりました」

そういう問題意識をもとに、鈴木さんは20年7月から学内、学外の大学生に協力を依頼し、アンケートを開始。論文執筆の基礎資料となるリポート「学生の視点からのオンライン授業に対する意識調査」をまとめた。

何はともあれ、調査結果の概要を見てみよう。アンケートの対象は、拓殖大学の各学部に加え、駒澤大学、東邦大学、北里大学、明治大学など首都圏にある私立大学の学生約70人。授業を「座学」と「グループワーク」に分け、それぞれ「従来（対面授業）」と「オンライン」で知識・能力の習得に役立つ度合いや、満足度に違いがあるのかどうかを調べた。回答は1～10のスケールで示され、全く評価しない場合は1、

100％評価するというのなら10で表される。

まずは、主に教員が行う講義を学生が聴いて学習するスタイルの「座学」に対する拓殖大学生の満足度を見てみよう（左のグラフA）。「従来」の授業に「7」と答えた人が最も多く、次いで「8」が多かった。つまり、満足度はかなり高かったといえる。それが「オンライン」になると、最も多い回答は「7」で変わらないが、次いで「5」「6」の順になる。満足とも不満足とも、どちらともいえないという人が増えていることがわかる。

次に第2章で紹介した徳永教授が指導する「まちづくりゼミ」など、教員と学生や学生同士が互いに活発なコミュニケーションをしながら学ぶ「グループワーク」の満足度についてだ。グラフBによると、「従来」では「10」が最も多く、次いで「8」と「7」が並んで多く回答されている。対面授業で行われるグループワークの評価が非常に高いことがうかがわれる。一方、それが「オンライン」になると、最も多い回答は「5」で、次いで「8」「7」「3」（7と3は同程度）となっている。平均値を見ると、7・30が5・58となっており、満足度がガクンと落ちていることが一目瞭然だ。

座学に比べて、オンライン授業の満足度の下がり方はグループワークの方で顕著で

拓殖大学生のオンライン授業への評価は？

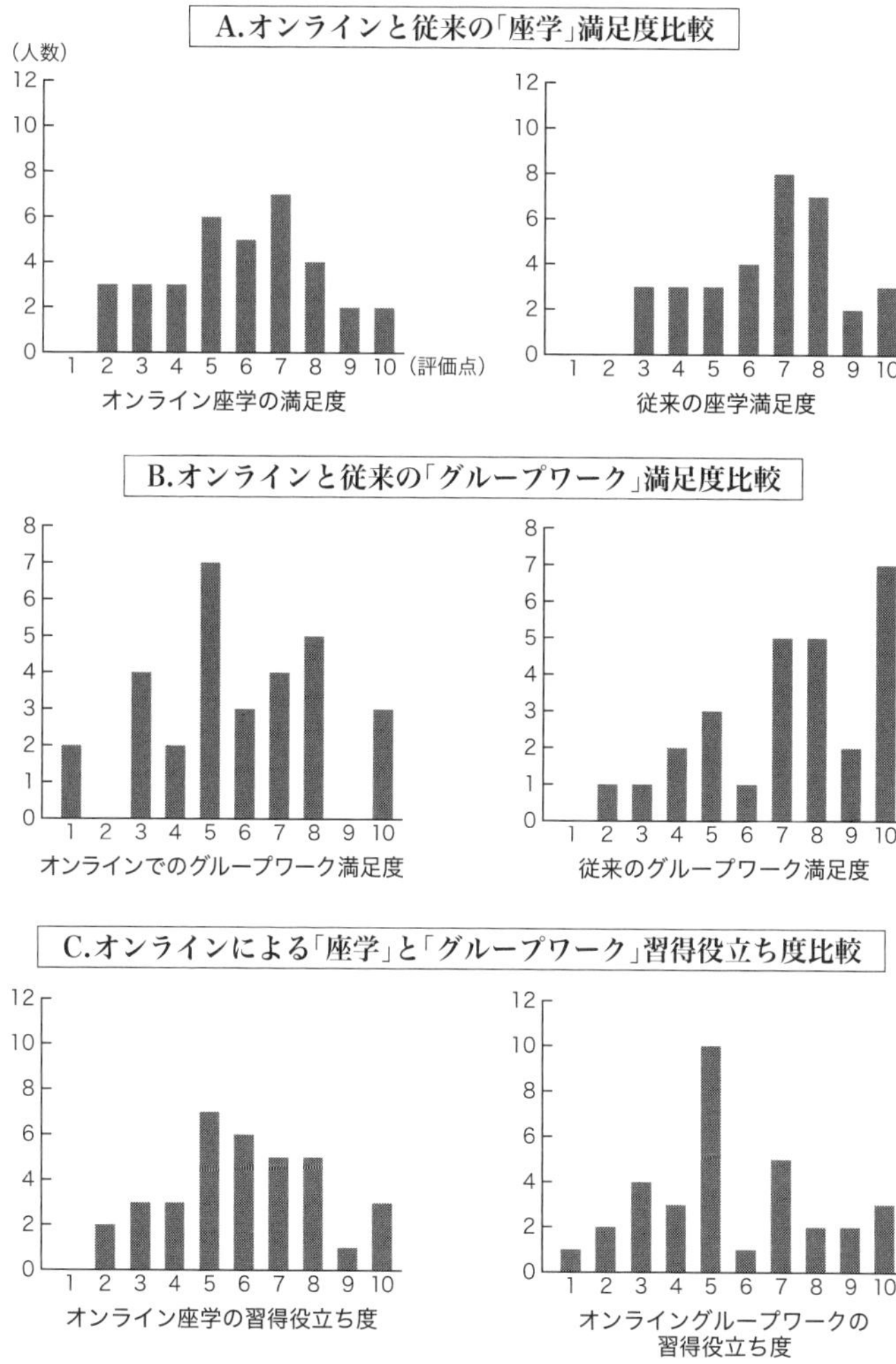

ある。それはどうしてか？　調査では知識・能力の習得に関する「役立ち度」（グラフC）も聞いている。オンラインによる座学では役立ち度の評価が「5」「6」「7」「8」（7と8は同程度）の順で多いが、オンラインによるグループワークだと「5」が突出して多く、次いで「7」「3」の順になっている。つまり、オンライン授業によって十分な知識・能力を身につけられるかといえば、座学で教えられる内容ならばそこそこ期待が持てるのに対し、グループワークの場合は、「役立っているとも役立っていないとも、どちらともいえない」という人が多い。グループワークには、対面でないとうまくいかない要素が多いと学生たちは捉えているようなのだ。

「オンラインの方が楽」

調査ではオンライン授業に対する満足度やデメリットと考える点について、自由記述式でも回答してもらっている。そこで挙げられた主なコメントを、他大学生のものも含めて見てみよう（漢字表記や語句の用法など、言い回しを若干、原文と変えています）。

▽（機器などを）先生が使いこなせず、資料配布が遅れたり、開けなかったりする
▽対面の方がよっぽど楽しい。オンラインで一方的に話されるだけでは飽きてしまいます
▽リアルタイムで質問できない。通学で座学を受けている時より、クオリティーが低いと感じる
▽リアルタイムに見なくてもいい（から評価できる）
▽必要最低限の理解と学習はできる
▽資料配布のみの授業を受講しており、先生の説明を詳しく聞くことができない
▽音声つきの映像を見させて課題を出す講義が多いのですが、映像は途中でストップさせたり、何回でも再生できるため、聴き逃しもないし、自分のペースでノートを取れる。理解度が対面授業より高いと思う
▽（学習を）自分でやらなきゃという気持ちが強くなったと思う
▽（周りに）自分しかいないので、大学より集中できる
▽毎回課題があり、その講義の内容について、調べて考察したりと自主的に学習するようになった

▽オンラインの方が楽である
▽資料配布と課題だけで間に合う講義は対面じゃなくてもいいと思えた半面、リアルタイムではコミュニケーションがうまく取れないため、満足度も半々くらい
▽意見を述べることのできる座学もありますが、講義形式だとどうしても寝ちゃったり、違うことを考えたりして、授業に集中していない時がある
▽対面での授業は緊張感もあり覚えやすい
▽担当教授によって授業のレベルに差があると感じる
▽双方向型の授業が少ない
▽対面の方がしっかり授業を聴く姿勢になれる
▽オンラインの方が短期集中できる
▽授業内容の省略や、テストの不実施など、完全な講義とはいえない
▽質問や意見交換をしたい時に、友人ができていない状態だと、質問を抱えているのは自分だけなのか、ほかのメンバーも同じなのかを読みにくい

学生たちのコメントを読むと、対面授業とオンライン授業は、それぞれに長所と短

所があることが改めて実感できる。オンライン授業を受けることになって初めて、対面授業のあるべき姿が見えてきたという側面もあるのだろう。さらに調査では、学生たちに「理想の授業形態」についても聞いている。回答割合は以下の通りだ。

▽従来の（対面）授業のみ　19・7％
▽オンライン授業のみ　1・5％
▽従来の授業&オンライン授業　78・8％

期待と現実のギャップが大きすぎた

今回の調査結果をどう受け止めたのか、自身のオンライン授業への見方も含めて、鈴木さん本人に聞いてみた。

——多くの学生の意見を集めてみて、どう考えていますか。

「グループワークは対面授業でなければ難しいですが、座学の授業であれば、工夫をすればオンラインでできるな、と思っています。座学では、先生に直接質問をすることが難しい場合があり、そこを解決してもらえれば授業のクオリティーは上がっていくと思います」

――ご自身ではオンライン授業をどう評価していますか。

「教授によっては資料を配布するだけとか、音声だけという授業があります。僕自身、パソコンをずっと使ってきたので、オンラインと聞いて『やっと新しい時代が来たのか』と期待しました。世界にはオンライン授業だけの大学もあり、日本はその意味では後進国なので……。ところが始まってみたら、対面授業よりも全然ダメなので、期待があった分、そのギャップがすごかった」

――調査では、先生による差が大きいという意見も出ていますね。

「それが顕著に表れたといえます。授業を受けている気がしないとか、これで同じ学費を払うのか、という声もありました。もちろん授業を学生目線で組み立ててくれる先生もいます。一方的に話すだけではなく、タイミングを測って誰かを指名して答えさせる先生の授業は、緊張もしますが、ちゃんと勉強をしようという気になります。内容が頭にしっかりインプットされる。特にグループワークでは質問が自由にできないと建設的な授業にならないし、実践的なコミュニケーション力が育たないと思います」

――質問ができるか、できないかというのは大きいのですね。

「オンライン授業では質問がしにくいという意見が多いのですが、先生のやり方次第で変わります。リアルタイムでパワーポイントの資料を画面に出して解説をした上で、質問の時間をしっかり取るというやり方をしている先生の授業はとてもいいと思います。実は、質問のしにくさのせいで、満足度を下げていることが多いのです。中には一度も画面に顔を出さない先生もいます。そういう人にいくら『わからないところはメールで質問してください』と言われても、メールなんか出せないという学生は多い。先生と学生の間に壁があると感じてしまいます」

――後期からは各大学でハイブリッド授業への模索が始まりました。調査では「理想の授業形態」として、圧倒的多数が「従来の授業&オンライン授業」を選んでいますね。

「座学はオンラインで、グループワークは感染防止の工夫をしながら対面でやっていくのがいいのではないでしょうか。1年生でキャンパスに来られず、軽いうつ状態になったという人がいました。逆に比べるものがないので、大学の授業とはこういうものかと納得している部分もある。コミュニケーションや情報交換の場、顔を出して話し合う場が特に1~2年生には必要ではないでしょうか」

東大生の意識調査結果は?

大学生による、大学生の視点に立ったオンライン授業の評価の試みをもう一つ、紹介しよう。東京大学の現役学生が執筆、編集、配信するオンラインメディア「東大UmeeT(ユーミート)」が行った、東大生を対象にした意識調査である。

「(UmeeTの)編集部内で話していて、オンライン授業という初の試みに対する学生の反応はどうなのか、その情報は東大の先生たちも欲しているし、他大の学生も気になっているだろうと。(ニュースとして)需要があるはずだということで調査を始めました。何より自分自身が興味があり、知りたいと思ったことがきっかけです」

ＵｍｅｅＴ編集部でライターを務める武居悠菜さん（教養学部2年＝20年度現在）は振り返る。

ほとんどの大学が20年度の前期授業の開始を遅らせる措置を取る中で、東大は３月下旬に学事歴（年間スケジュール）を変えない方針を表明、４月上旬から早々とオンラインによる新学期を開始した。武居さんが調査を行ったのは４月下旬と、これも素早い反応である。５月３日にネット上にアップされた記事「実際どうなの？ 東大生にオンライン授業の感想を聞いてみた」は、そのタイムリーさもあって大きな注目を集めた。国立情報学研究所（ＮＩＩ）が５月29日にオンライン開催した、第９回「４月からの大学等遠隔授業に関する取組状況共有サイバーシンポジウム」（第24回から「大学等におけるオンライン教育とデジタル変革に関するサイバーシンポジウム『教育機関ＤＸシンポ』」に改称）に武居さんがパネリストとして招かれ、「学生から見たオンライン授業」と題して調査結果を発表する機会を得たほどだ。

ちなみにこのシンポジウムは、全国の大学などによるオンライン授業の取り組み事例を広く紹介し、互いに学び合うことを目的として、３月26日の第１回開催以降、精力的に開かれている。さまざまな角度のテーマについて、各大学でキーマンに当たる人たちが報告を行う。試行錯誤が続けられているオンライン授業の〝現在進行形〟を概観するのにお勧めだ。

さて、オンライン授業に対する東大生の反応について見ていこう。調査は同編集部のフェイスブックとツイッターを通じたアンケート形式で行われ、70人から回答を得た。まずは「オンライン授業に満足していますか」という問いへの回答は上のグラフ4のようになっている。

▼グラフ4

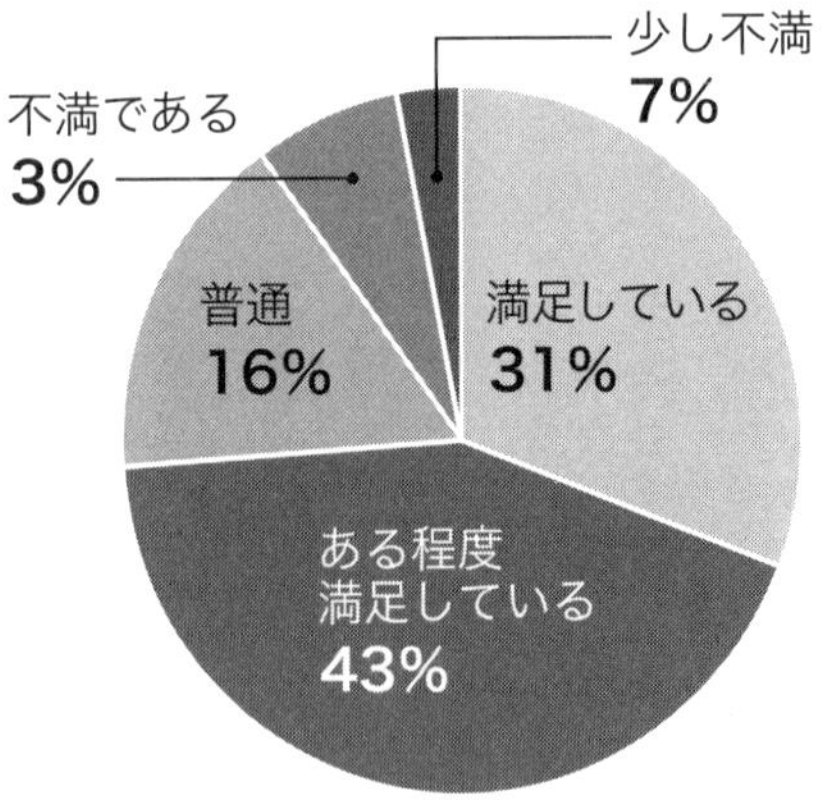

「満足」と「ある程度満足」を合わせると約75%、つまり4分の3の学生がオンライン授業を支持している。評価する具体的な理由として、記事中で紹介された主な意見を以下に挙げてみよう（漢字表記や語句の用法など、言い回しを若干、原文と変えています）。

▽ギリギリまで寝ていられる
▽学校までの移動が不要なので、キャンパスをまたがって授業が取りやすい
▽板書が見えない、教授の声が聞こえないということがない
▽自分にとってベストな環境で受けられる
▽周囲に無駄なものがないので、対面よりも授業に没入できる
▽ちょっとしたことでも質問しやすい
▽スライドがPDFで配布される

東大生に限らず、オンライン授業を受けている学生であれば、どれも納得できる意見に違いない。少し補足しておくと、最後の「スライド配布」というのは、授業ではパワーポイントなどで作られた資料を使用するが、それが事前にLMSなどを通じて配布されることを指す。予習をするのに役立つし、授業に出席できなかった時も、クラスメートに頼んで資料をコピーさせてもらう、といったことが不要になる。

また、質問のしやすさ、しにくさがオンライン授業の評価に影響しがちなことは、東大でも同じ状況のようだ。武居さん自身、記事の中で「先生がチャット欄などでの

質問を積極的に促している授業では、対面の時の3、4倍くらいは先生に対する質問が出ているような気がします」と述べている。リアルの教室で周りの目を気にしながら挙手するよりも、チャット機能などを使ってわからない箇所を聞く方が、心理的ハードルは数段下がるとみられる。

一方、少数派ではあるが、不満を持っている学生も1割いる。調査ではそう考える理由や、改善してほしい点を聞いている。どんな声が寄せられたのかを見てみよう。

▽一方的な音声のみの講義は、スライドがあるといえども、ラジオのようで苦痛
▽講義ノートを見せて、ただ説明を述べるだけというスタイルはやめるべきだ
▽全受講生の顔出し強制。いくら「顔を出して皆さんと議論しましょう」というお達しが出ても、発表者でもないのに顔を出したくない
▽授業後にほかの受講者と話しながら帰ることで友達ができたり、勉強になったりすることが多かったので、それがなくなったのは残念。ほかの受講者と仲よくなるハードルは非常に上がった
▽友達と休み時間にしゃべったり、聞き逃したところをさっと聞いたりすることがで

きない

講義スタイルへの不満は、教員がオンライン授業のやり方に慣れる過程で、学生側の希望を取り入れるなどしてブラッシュアップしたり、成功した実践例を共有することで解消していくものと思われる。しかし、後段の「仲よくなれない」「友達としゃべれない」という点は一朝一夕に解決は難しそうだ。

ただ、リアルなコミュニケーションが取れないという意味では、そもそもコロナ危機によりキャンパスや大学施設への立ち入り、使用が制限されている現状が前提として存在する。オンライン授業、イコール「友達ができない」ということでは必ずしもない。この視点はポストコロナ時代を展望する中で、大学教育のニュースタンダードにオンライン授業をどう組み込んでいくのかを考える時に押さえておくべきだろう。

6割超が「オンライン継続を」

オンライン授業の「満足度」調査とは別個に、東大ＵｍｅｅＴの武居さんは所属するゼミの学生を対象に、オンライン授業の望ましい「授業形態」についてもアンケートを取っている。すなわち、▽「ライブ授業」（＝同時双方向型）▽「録画配信型」（＝オンデマンド配信型）▽「資料配布型」（＝課題提出型）のいずれがいいか、である。それをまとめたものが、先述したＮＩＩシンポジウムで発表されているので、併せて見ていこう。結果はグラフ５の通りだ。

▼グラフ5

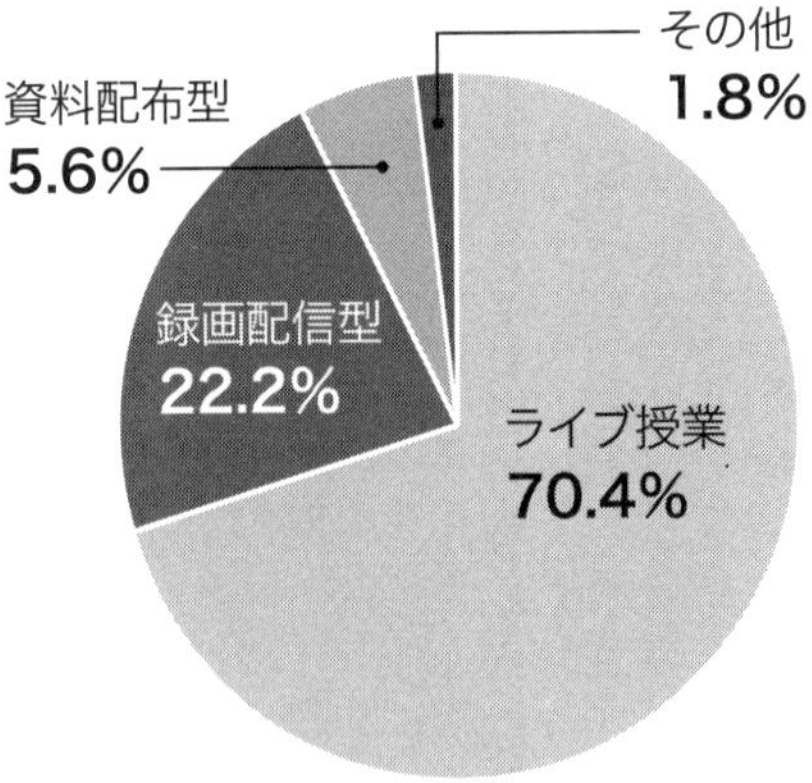

同時双方向型のオンライン授業が圧倒的な支持を受けている。その理由として挙げられるのは、▽質問しやすい▽ほかの人の質問も見られる▽教員との知的交流が可能▽いい意味での緊張感がある、集中できる▽（リアルタイムで視聴するので）生活リズムが崩れない――などだ。その一方、「自分のペースでの学習は難しい」という声もあったという。

割合は少ないが、オンデマンド配信型を支持する学生が挙げる理由にも説得力がある。

いわく、▽通信状況が悪い人でも不利をかぶりづらい▽再生速度を変えられるから（学習の）効率がいい▽聞き逃したところを聞ける▽自分のスケジュールに合わせて見る方が集中できる——といった具合だ。逆に弱点としては「どうせ（配信録画を）ためてしまって見ない」という声が多かった。

東大のみならず、おしなべて学生に評判が悪いのが、資料をオンラインで配布して個人学習をさせる課題提出型だ。東大UmeeTの調査では「大学に在学する意味は？」とか「図書館も使えないので自主学習が難しい」という意見が上がっている。しかし、一方で「時限に縛られず、個々のペースで学習できる」として評価する声もあった。

さらに武居さんは、コロナ危機が収まった後のことについても、学生の意見を集めている。講義形式の授業に関して、「オンライン授業を継続してほしい？」という問いに対する回答を見ると（グラフ6）、6割を超える学生が、従来の対面授業が全面的に再開可能になってからも、オンライン授業を続けてほしいと考えている。その理由として挙げられるのが、▽移動が不要で効率がいい▽質問しやすい▽自分に合った環境で受けられる——といった内容だ。特に「移動」という時間的、空間的制約が取り払われることを歓迎する声が多いという。

オンライン授業の「スタンダード化」については、先に紹介した東大ＵｍｅｅＴとしての意識調査に対しても「自由記述」として多く寄せられていた。記事に取り上げられた意見をいくつか挙げておこう。

▼グラフ6

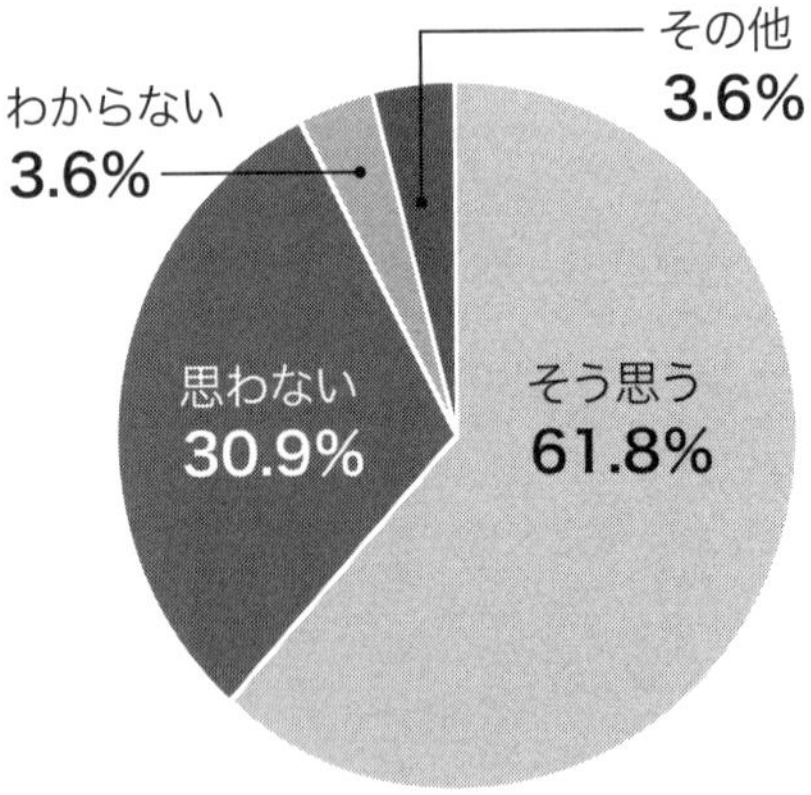

(※小数点第２位以下を切り捨てたため100%にならない)

▽大人数が聴講する授業は全面的にオンラインに移行した方が絶対にいいと思う。少人数で密に行うものは対面の方が効果が高いだろうが、マス授業は対面で受けると集中力も途切れがちだし、物理的に見えづらい、聞こえづらいという問題がある

▽コロナ収束後も（オンライン授業を）オプションとして提供してほしい

▽学生の学びの機会が以前より広がるのではないかと思う

日本の教育が変わるチャンス

　ところで、調査を行った武居さん自身は、結果をどう見ているのだろうか。本人のオンライン授業への評価や問題意識も含めて、改めて聞いてみた。

――オンライン授業への満足度がかなり高いという結果が出ましたね。

「学期が始まる前は、面白くなさそうだとか否定的な空気だったので、75%が満足しているというのは、正直『多いな』と思いました」

――調査は4月に行われましたが、その後、何か変わったところはありますか。

「最初の頃は通学しなくていい気楽さもあって、オンラインが評価されていたと思いますが、学期が進むにつれて『人恋しさ』や『寂しさ』が出てきて、少し満足度も落ちていった感じがします。オンライン授業自体に不満足だというより、単純に『人に会いたいな』という気持ちではないでしょうか」

――特に前期は東大に限らず、全面オンライン化でキャンパスに通えず、ストレスを

ためる学生は多かったようですね。

「1年生の不安は大きかったと思います。『情報が取れていない気がする』と言った人がいました。オンライン授業の情報がワンストップですべてわかる学内サイトがあり、それを見ていれば漏れはないはずですが、自分の知らないところで何か動いているのではないかと思ってしまうらしいです。確かにリアルで大学に通えている時なら、上クラス（2年生）から『楽に単位が取れる科目』などを耳打ちしてもらえたりするので、そういう情報からは遠くにあるといえますね」

——ライブ授業（同時双方向型のオンライン授業）の支持率が70%を超えています。

「録画（オンデマンド配信型）の方がいいという人がもっといるかと思っていたので、ライブ授業が意外と多かったという印象です。普通の授業に近いものを受けているという満足感があるのではないでしょうか」

——対面授業に近いものとして、ライブ授業が評価されているのでしょうか。

「1年生は対面のよさを求めており、大学の授業へのあこがれがあるので、ライブ授業に高い評価が出ます。対面のよさは人と人とのつながりにあると思いますが、ではそれが一番かといえば微妙なところです。大教室で授業をすると黒板が見えないとか、周りの声がうるさいとか、いろんな問題もあって、『オンラインの方がいい』という人もいます」

――オンライン授業の継続を求める声が多いことをどう思いますか。

「私自身もオンライン授業は残していいと思っています。従来なら同じ時限にやっているほかの授業は受けられませんでしたが、録画ならそれができます。３限が駒場（キャンパス）で４限が本郷（キャンパス）という授業の組み合わせは無理でしたが、それも可能になります。そういう自由さがオンライン授業にはある。対面とオンラインのどっちがいいかではなくて、どちらも提供されていて『選べる』のがいいですね」

――オンライン授業ならではの可能性があるということですね。

「先生方と話していて思うのは、オンライン授業で行われているように資料を配布しておき、学生に事前に読ませて授業はディスカッションをやるというふうに変わっていくといいと思います。日本は『知識を教える』型の教育をずっと続けていますが、それとは違う波に乗るきっかけになるかもしれません。学生にとっては大変だけど、面白くなると思います。コロナが終わったから元に戻ろうね、ではない道を探るべきだと思っています」

思想家・内田樹氏に聞く

オンライン時代の「新たな教育プログラム」が必要だ

古くから、「三人寄れば文殊の知恵」という。一人一人の才能は凡庸でも、三人（大勢）で集まれば優れた知恵が出ることもある、という意味だ。人間の思考は他者との相互作用によって、単純な足し算には収まらない、想定した枠組みを超えるアウトプットをもたらすものだ。

しかし今、コロナ危機によって「寄る」ことが難しくなっている。少なくとも一度は、「教室」は完全にその機能を失った。コミュニケーションの大きな部分は、言葉というよりもむしろ、身振り手振りを含んだ「非言語」によってなされている。時には文字通り、肌身が触れるほどの距離で、体温を感じ取ることもコミュニケーションの一つであろう。古来、人間はそうやって「わかり合ってきた」のだといえる。

オンライン授業では、送受信環境さえ整っていれば、これ以上ない明瞭さで情報を100％取得できる。大教室の後ろの方から、黒板の小さな文字に目を凝らす必要はない。しかし、本当にそれで「わかる」「わかり合う」ことは可能なのだろうか。

思想家として切れ味抜群の論考を披露している内田氏は、教育者として長く大学の教壇に立ってきた。また同時に武道家として、人間の「身体性」から物事を捉えるアプローチは、内田氏ならではだ。キャンパスや教室という「場」が持っている役割や、それを失った時に、人同士が教え、学ぶという行為はどういうものであありえるのかを聞いた。

（取材はこちらが用意した質問に対し、メールで回答をもらう形で行われた）

――2020年度の後期は各大学で対面授業が一部再開され、ハイブリッド授業が行われています。しかし、やはり「オンライン（遠隔）授業」を基本にする大学も少なくありません。オンライン授業はどこまで対面授業の代替となりえるのでしょうか。

大学というのはキャンパスがあってのものですので、オンライン授業では大学教育の大切な部分が欠落してしまいます。一番大きいのは、学生が「オンデマンド」で教育資源にアクセスすることは可能だけれども、偶然の出会いというものが制度的にあり得ないということです。

現実の大学では、新入生がぼんやりとキャンパス内を遊弋《ゆうよく》しているうちに、「そんなものに出会うとは予測もしていなかったもの」に出会うということが頻繁に起きます。大学を舞台にした、すべてのマンガはそうやって始まります。それは変なものを造形している上級生であったり、マッドサイエンティスト的な実験をしている研究チームであったり、屋上で流しそうめんをしているゼミであったり……いろいろです。

学生たちは意図せずそこに「巻き込まれる」という形で驚くべきキャンパスライフを開始する……というのが大学生活の一番面白いところです。「巻き込まれる（involved）」というのが妙味なのですが、それがオンラインでは制度的に起こりません。

――前の質問と関連しますが、逆にオンラインが対面の「代替」という位置づけを超えて、授業をはじめ大学のあり方に別の価値を与えたり（創出したり）、あるいは破壊するといった可能性はあるものでしょうか。

僕はもう大学で教えていないので、そのあたりのことはよくわかりません。ただ、現場の教員たちに聞くと、学生たちがオンライン授業を評価するポイントが「対面授業よりも教師と個人的にやり取りができる」ということだそうです。

大教室での授業だと、授業の後に教師に個人的に話しかけて、授業内容について質問するというのは、かなり勇気が要ります。けれども、オンラインでは簡単に質問できるし、教師も時間のある時に丁寧に返信してくれる。結果的に、どんな科目でも、新学期が始まってから2〜3回の授業で何人かの履修生は興味を失って脱落してしまうのですが、その「脱落率」が下がったそうです。授業を休んでも、オンラインだと、教師から「どうしたの？」と個人的な呼びかけができるので、学生の側に「先生に存在を承認されている」という感覚が生まれて、休まなくなるのだそうです。課題の提出率も対面の時よりも高いと聞いています。

よく「一流の先生の名講義の録画をいつでもアクセスできるようにしておけば、もう専任教員を雇用しておく必要がなくなるのではないか」という危惧を耳にしますが、そういうネット上のヴァーチャルな先生では学生の側に「個人的にケアされている」という実感を与えることはできません。

ですから、対面授業が再開された場合でも、いろいろなやり方を組み合わせて（「名講義」の画像、オンライン授業、対面授業など）を教育プログラムをかたちづくるということがこれからは可能になるでしょう。どういう組み合わせが最も教育効果が上がるか、それぞれの先生が工夫すればいいと思います。

——各大学当局や学生らが行ったアンケートを概観すると、大学側のオンライン化対応を「評価」する学生の声が多数です。しかし一方で、学生が大学（や個別の先生の授業）を「見る目」は厳しくなっている感触です。これは今後、大学と学生の関係を何か変える契機になるでしょうか。

教員と学生の間にある種の「緊張関係」があることはいいことだと思います。これまでの「授業評価アンケート」は印象的な評点が多く、教員の側の授業改善努力にはほとんどつながっていないというのが長く評価活動に携わってきたものの実感です。オンライン授業での学生からの評価がもっと客観的で、具体的なものになれば、授業改善に結びつく可能性はあると思います。

——前の質問に関連して、ロックダウン（大学閉鎖）やオンライン授業に対しては、学費返還運動も起きました。「受益者負担」のロジックから見れば当然かもしれませんが（そう言う親は多い）、両刃の剣かもしれません。大学が発すべきメッセージはどういうものでしょうか。

先にお答えしたとおり、学生たちは課外活動を含む「キャンパスライフ」をまったく享受できていないわけですから、その分については学費を減免する義務が大学側にはあると思います。

ただ現実にはオンライン切り替えのために、大学の教職員は膨大な入力作業を求められ、大学自身も設備面での投資など、対面授業の場合よりもはるかに多くの労働と出費を余儀なくされ、疲弊し果てています。それに向かって「仕事をしていないのだから学費を削れ」というのはあまりに酷な言い方だと思います。今の時点で「大学は果たすべきことをしていないのだから」という前提には合理性がありません。大学も学生と同じくコロナ禍の「被害者」なのです。その点を学生側には理解してほしいと思います。

ただ、オンラインへの切り替え時点での混乱が一段落して、これがルーティンとなった後は、教職員の負荷はかなり軽減されると思われます。ですから、２０２０年度は学費減免は無理ですが、21年度以降についてもキャンパスライフを提供できない場合は、その分の学費については減免措置を取るべきだと思います。どれくらいの減免が必要であるか、具体的な数字は言えませんが、国が減免について助成金を出せば（例えば全学生の学費の30％を負担する）、大学側が10～20％負担して、実質40～50％の減免くらいのことは可能ではないかと思います。要は政府がこの事態をどれくらい重く見ているか、その評価にかかっていると思います。

学生たち自身もアルバイトがなくなっていますし、親が失職したり廃業したりしているケースもこれから増えてきますので、政府からの学費助成は必須だと思います。

内田 樹（うちだ・たつる）
1950年生まれ。神戸女学院大名誉教授。著書に「ためらいの倫理学」「私家版・ユダヤ文化論」「日本辺境論」「日本習合論」、街場シリーズなど。2011年、神戸市に哲学と武道研究のための私塾「凱風館」を開設

第4章

コロナ以前の大学にはもう戻れないオンライン授業の未来

オンライン授業で日本は「国際化」できるのか？

誰もが初体験で、日本人が得意とする模倣の「モデル」が得られないといった状況の中で、多くの大学関係者が注目しているのが、「ミネルバ大学」の挑戦だ。2014年に開校した、米国の私立大学である。といっても、特定のキャンパスはなく、学生はすべての授業をオンラインで受ける。この本の第5章のロングインタビューで、東京大学大学院情報学環教授の吉見俊哉氏が評価しているように、学生は拠点がある米サンフランシスコをはじめ、世界7都市を渡り歩きながら、寮生活を送るというユニークな大学だ。

世界中の英才を集める米ミネルバ大

現役東大生が取材、編集を行う『東京大学新聞』を発行している東京大学新聞社が運営するニュースサイト「東大新聞オンライン」は20年8月から9月にかけて、「検証：東大のオンライン授業」と題する興味深いシリーズを4回に分けて連載した。その最終回のテーマが、ミネルバ大学の実践だ。記事によると、おおむね1コマ90分のオンライン授業が1日2コマあり、一つの科目につき授業は週に2回行われるのが一般的だという。つまり、一度に取る科目は五つ程度となり、日本の大学生の半分から3分の1程度だが、密度は非常に濃い。授業に臨むためには事前課題をこなすことが必須で、時には100ページもの教科書や文献を読み込むことが求められる。

授業は20人弱の少人数によるゼミ形式で行われる「同時双方向型」だ。日本のオンデマンド配信型のような、多数を相手に教授が一方的に講義をする形ではない。また、事前課題をこなし、教科書の内容を理解していることが前提なので、授業は知識を一から学習するというより、学生同士のディスカッションが中心になる。インプットした知識を使って、より深い思考をし、より深い理解を得るトレーニングを積むということなのだろう。

ミネルバ大学には、東大はもとより、世界各国からその国のトップ大学の合格を辞退して入学する学生がいることでも知られる。東大新聞オンラインの記事では、ミネルバ大学3年の日本人学生を取材し、「効率と知識定着率が対面の授業よりも断然いい」と評価するコメントを載せている。

この本でも繰り返し見てきたように、オンライン授業ではリアルなコミュニケーションができず、人間関係が作りにくいという弱点がある。それが、学生たちが対面授業（または対面の機会が十分に確保されているハイブリッド授業）の復活・実施を求める大きな理由になっている。しかし、記事に出てくる日本人学生によれば、学生同士が科目ごとにフェイスブックのチャットグループを作ったり、大学側が全教員・学生が参加するコミュニティーポータルサイトを立ち上げるなど、有機的な関係を生み、はぐくむ工夫が凝らされている。一度も対面で会わずとも友人と呼べる関係の相手を作ることはできる——らしいのだ。記事には「対面であろうと授業で一緒になった学生と連絡先を交換することがそもそも少ない東大とは対照的」とも書かれている。

日本の大学には「絵に描いた餅」

オンラインだけで授業をしていても、深い学び合いができ、豊かなコミュニティー

の醸成・維持が可能であるならば、あえて対面授業にこだわる必要はない。そう言い切るのは極端だとしても、ミネルバ大学の〝成功〟を見るにつけ、少なくない大学関係者は、こんな胸算用をしてしまうのではないか。いわく、「授業のオンライン化によって日本の大学の国際化はうんと進む」――。

キャンパスに行かなくても、授業が受けられるのがオンライン化の一番のメリットであり、それは国境をまたぐことも当然、含まれる。あえて単純化した話をすれば、日本の大学の授業と、オーストラリアの大学の授業を時限ごとに組み合わせ、好きな科目をつまみ食いすることも可能になる。両大学の授業、あるいは両国の教育内容が客観的に見比べられるようになり、よくも悪くもグローバルスタンダードを意識せざるをえない。第1章で、当初のオンライン化の必要性に対する感受性の鈍さから、「日本の大学の国際競争力の低さが露呈した」と嘆く大学教員の声を紹介した。それは裏を返せば、オンライン化は日本の大学教育を世界に向けて発信、開放する〝逆黒船〟になるということなのではないか。

しかし、「それは絵に描いた餅です」。そう話すのは、青山学院大学法科大学院客員教授の小池政行氏だ。

「大学の国際化には二つの意味があります。一つはアウトプット、つまり日本人が外国の大学で学ぶ。もう一つはインプットで、外国人が日本の大学の授業を受けて学ぶことです。しかしその両面において、日本の大学の国際化は無理に近いと思われます」

小池氏は元外交官で、在フィンランド日本大使館一等書記官などを歴任した。専門は国際人道法で、日本赤十字看護大学教授を務めるなど赤十字運動にも造詣が深い。国籍や民族的利害を異にする人々の間に分け入り、コミュニケーションの場を作ってきた。国際社会の実相を皮膚感覚で知る人物の一人だ。その小池氏が日本の大学の国際化を悲観的に見ている理由は何なのか。

「１９８０年代、東欧がまだ解放されていなかった頃、東欧の学生たちは比較的、フィンランドには出ていきやすかった。彼らがなぜフィンランドで学べ、フィンランドの大学が彼らを受け入れることができたかといえば、大学の授業を英語で行うことが多かったからです。ひるがえって今、日本の大学教授で、国際共通語である英語を使って授業をしている教員は非常に少ない。加えて（同時双方向型の授業を）Ｚｏｏｍでやろうという人はさらにわずかです。インプットにしてもアウトプットにしても、日本語が〝壁〟になるのです」

ニーズがない「英語」による授業

オンライン時代が幕を開ける中、大学の授業において「英語」の位置づけをどう考えるかは、次章の吉見俊哉・東大大学院教授のインタビューでも触れるが、それを特別に売りにしている大学などを除けば、お題目としてはいいが、日本でオールイングリッシュの授業が実際に成り立つのかどうか、疑う人は多いだろう。ただ小池氏によれば、そういう事情は単に個々の教員の力量の問題ではないという。

「私自身にしても、英語では授業をしません。そもそも今でもシラバス（授業計画）を書く段階で、そういうことを要求されない。つまり、英語による授業を大学側も欲していないし、日本社会のニーズもない。今は国立大学も（法人化されて）商売なので、ニーズがないものをやることはできません。グローバル人材を育成するためにとか、国際化時代に日本の大学が生き残るためには英語で授業を行うべきだ、という声をよく聞きますが、少なくとも現時点では、私はそれはただの〝イメージ〟だと思います」

日本において、英語教育にまつわる議論がとかくイメージ先行となりがちなのは、否定できない事実だろう。大学入試センター試験を廃止して、21年1月、新たに始まった大学入学共通テスト（新テスト）に英検やＴＯＥＩＣなど「英語民間試験」の成績を使用することが大学入試改革の目玉とされたが、19年11月、新テストの実施まで1年2カ月という時点であっさりと見送られた。その理由である「公平性」への懸念は当初から指摘されていた。制度設計がまじめになされていなかった証しだ。

大学生の英語力の向上という目標が、実は国レベルでもふわふわとした、あこがれに似たもくろみであったことがわかってしまったのだから、英語による大学の授業が「ニーズ」として成り立たないのは仕方がないことかもしれない。となると、オンライン化により、国境をまたいで授業が受けられるようになったとしても、そのことと日本の大学が「国際化」することとは、必ずしも結びつくと期待はできないということだ。

「海外の大学の授業をオンラインで受けられることになったら、日本の大学も授業を比較されることにより、切磋琢磨してレベルが上がる――そういう言い方自体はありえるにしても、学生にとってのニーズは『単位を取る』ことなので、より『質の高い』授業を取ろうとするインセンティブは働きにくいのではないでしょうか」

小池氏はそのように見通すのだ。

前章まで、オンライン授業の基礎知識や具体的実践、さらに学生アンケートなどから、オンライン化が大学に何をもたらしているのかを見てきた。さまざまな課題が浮上しつつも、一方でオンライン授業が単に従来の対面授業をインターネット上に置き換えたものではないこともわかってきた。

オンライン授業にはそれならではの潜在性があり、ミネルバ大学の試みを眺めるにつけ、日本の大学の「国際化」もその文脈上に確かに存在しうる（旧態依然とした大学や社会のあり方が阻害要因だというのが小池氏の見立てだ）。前章で見た学生アンケートによると、コロナ危機が収まったとしても、再び対面授業100％に戻ることを多くの学生たちは求めていない。この章では、ウィズ・コロナならぬ「ウィズ・オンライン」時代における大学のあり方を考えてみたい。

変わるべきか、変わらざるべきか
次なる形を探し続ける大学

大学の「ニューノーマル」な形を探っていくに当たって、まずは実際にオンライン授業を行っている大学教員がどんなことを考えているか、ざっと眺めてみよう。デジタル・ナレッジ（本社・東京都台東区）が運営するｅラーニング戦略研究所は20年7月、全国の大学教職員１００人を対象にした「大学におけるオンライン授業の緊急導入に関する調査報告書」を公表した。その中に「新型コロナウイルスの感染拡大を機に大学の授業運営はどのように変わりましたか。また、変わりそうですか？　今後の展望を含め、お聞かせください」という質問がある。報告書ではそれに対する回答を、想定される展開ごとにまとめて挙げている。代表的な回答、または興味深い回答を紹介しよう（漢字表記や語句の用法など、若干原文と変えています）。

「なんちゃってオンライン講義」

【オンライン化がさらに進む】

・オンラインの授業形式が中心になると思う（関東・国公立）

・大講義室での多数の学生を収容した授業はもはや今後不可能と思われ、少人数のゼミ以外はオンライン授業が中心になるのではないか（近畿・国公立）

・履修登録者が前年度（19年度）より多くなった。ネットではリアルと同格なものは難しいが、ネットの方が質問しやすかったり、学習しやすいという学生もいる。欠点ばかりではなくネットの強みをどう生かせるかが課題である（北海道・私立）

・オンデマンドのオンラインの方が好ましい講義もある（近畿・国公立）

・学生個々の把握がよくなった（関東・私立）

【オンラインと対面のハイブリッド】

・原則対面授業。ただし、自然災害などの際にはオンライン授業を展開できるという

ノウハウが蓄積できた（中部・私立）
・ウェブと対面を合わせることにより、より効果的になる（近畿・私立）
・オンライン授業が常態にはならないだろうが、ネットを利用した資料配付・テスト・リポート提出はより一般化するだろう（東北・私立）

【元の対面授業に戻る】

・今はオンラインでやっているが、そのうち通常に戻ると思う（中部・国公立）
・やはり対面授業を学生も望んでいるので、早めに対面授業に戻りたい（関東・私立）
・対面に戻る可能性が高そうです。個人的には、対面もオンラインも一長一短だと思います。オンデマンドだと、留年気味な学生も含め、多くの学生が頑張って勉強しているようです。ただし、対面講義のように学生との信頼関係を築くのは難しいと感じています。昨年度（19年度）以前に対面講義で顔見知りな学生たちは質問してきますが、対面講義で接したことのない学生たちは質問せずにわからないまま、課題の提出をしていることが多いようです（中国・国公立）

【先行き不透明】

・アクティブラーニングも取り入れたオンライン講義資料作成に追われ、今後の運営までは想像が働いていない状況（関東・私立）

・変わる部分（一般的な講義）と変えられない部分（実験・実習）がある。オンラインなどに変えられる授業でも、パソコンや通信環境の整備などに学生間の経済的格差もあるので、とても難しい問題（関東・私立）

【ゼミ・実習ができない】

・講義形式の授業はオンライン化できるのではと思うが、実験・実習形式の授業のオンライン化は難しいと思う（中国・国公立）

・臨床実習が制限される（中部・私立）

・少人数のゼミが三密でできない（関東・私立）

【その他】

・自主的に講義に参加している学生は問題ないが、講義（非同期オンライン学習）に参加せずに課題がたまっている学生への対応。学習意欲の格差により差が大きくなりそう。単位が取れない学生はすべてにつまずきそうで、留年や退学が増えそう（九州・国公立）

・本当に学力がつくのか不安（関東・私立）

・今回の対応は、ほとんどの大学がなんちゃってオンライン講義を行っていると思われる。何がいいのか悪いのか、最終的な結末を日本中の大学で共有して今後のオンライン講義に備えるべきである（九州・私立）

・オンライン授業もメリットはあるものの、対面の方が緊張感があるので効果的。またZoomなどのテレビ会議システムの契約に費用がかかり、今後も継続するとなると地方国立大学は金の工面ができないのではないか（九州・国公立）

オンライン授業を巡る見通しについて、報告書では「ハイブリッド授業が一般的になると見る大学が国公立・私立問わず多いことが明らかとなった」とし、大学教職員の声を以下のように分析している。

〈対面授業に戻るという意見もあったが、少なくとも大規模講義の見直しや三密を避ける授業運営は必要不可欠であり、コロナ以前の形に完全に戻ることは考えにくい。中長期的には、授業はオンラインと対面のハイブリッド型となり、中身も多様化し、その過程でより高度なオンライン教育が進むことが予想される。必要に迫られて緊急導入されたオンライン授業だが、今後の大学教育を考える上で非常に重要な立ち位置にあり、新型コロナウイルスがこれまでとは違う観点から大学改革を推し進める要因になる可能性もある〉

泥縄式であれ何であれ、コロナ危機に対応してオンライン授業を始めざるをえなかったことが、「大学改革」を進めるきっかけになるという視点は重要だろう。

「オンライン定期試験」を行った東大

手元にA４用紙４枚にわたってびっしりと印字された書類がある。表題に「オンライン定期試験クイックガイド」と記されている。これは、東京大学教養学部（1、2年生が所属）が20年度前期に実施した定期試験に際して、オンラインで試験を受ける方法を学生に示したマニュアルだ。その冒頭にこう書かれている。

〈対面試験実施が困難で、基礎知識を問う科目や数百人の受講生を抱える科目ではレポート代替ができないため、やむをえず一部でオンライン試験を行います〉

特に前期では、多くの大学が定期試験を行わなかった。学生を一斉に教室に集めることができず、自宅などで試験を受けさせれば、カンニングなどの不正行為が容易に起こりうることは誰もが心配することだ。しかし、授業を行った以上、成績はつけなければいけない。そこで起こったのが「課題地獄」という現象だ。一発試験ができないために、授業への参加度、理解度によって評価をする。そのため、各科目を担当する教員がそれぞれ、毎回の授業で課題を出したので、一人の学生がこなせるキャパシティーを超えてしまった。

そういう状況の中で、東大はあえてオンラインによる試験を実施したのである。一体、どのように行われたのか。「クイックガイド」によると、A～Cの3方式がある。A方式はパソコンに向かってオンライン試験を受けている様子を、スマホなどのウェブカメラで撮影し、参照が許可された資料以外のものを見ていないこと、他者と連絡を取っていないことを確認する。カメラによって、パソコン画面のアプリやタブの状態、手の動き、横顔（視線と口元）の3点を常時モニタリング（監視）できるよう、

学生自身が機器をセッティングしなければならない。

　B方式はカメラで映さず、オンライン試験だけを受けるが、試験後にZoomを通じて、担当教員の口述試験を受ける。テスト問題を自力で解いたかどうかを確かめるためだ。C方式は主に答案を手書きするテストを想定し、ウェブカメラで常時、解答用紙に答えを書き込む様子や、手が何をしているかをモニタリングする。テストの内容、解答の形によって教員がどの方式を選ぶか決めることになるが、いずれも非常に細かいところまで指示が及んでいる。「（カメラ撮影は）逆光を避ける」「バーチャル背景は禁止」というのは当然だろうが、「スマホ等は画像回転を許可し横長映像に」「（パソコン画面の）ウィンドウは必ずすべて最大表示に」と、てんこ盛りの状態だ。

ここまで指示が詳細だと、うっかり手順を間違えたら、カンニングと見なされてしまうのではないかと心配する学生も出てきそうだ。ガイドにはこういう記述もある。〈対面試験と同じ感覚で受験しておけば「冤罪」を心配する必要はありません。カメラが映す方向に短時間視線を外す、あくびをする、伸びをする、鼻をかむ、かゆいところをかく、という程度であれば問題ありません。また、空調や電気の操作のためごく短時間離席することは構いません。トイレ等で離席する場合は報告用フォームに報告し、モニタ／キーボードを傾けて合図。試験後に面接する場合があります〉

学生の過度な不安を拭うためだろうが、その文言が「伸びをする」とか「鼻をかむ」とか細かいので、思わず苦笑してしまう。

教員も学生も緊張感はマックス

「ガイドラインを最初に見た時は正直、めっちゃ細かいな……と思いました。『これだけ学生のために考えてくれてありがたいな』という思いと、『これを熟読して理解しなければいけないのは面倒だな』という思いの二つがありました」

東大の現役学生の一人はそう話す。ガイドラインは必要に応じてバージョンアップされており、当初は「パソコン画面以外を見ている場合は不正行為となる場合がある」といった厳しめの語調の文言があり、不安を感じた学生も少なくなかったという。仮に運悪くある一科目で「不正行為」があったとみなされた場合、前期のすべての科目の成績が0点になってしまうからだ。

実際の試験では、パスワードがうまく入力できず問題文が開けない、アカウントを有効化していなかったため解答フォームにアクセスできない、全く関係のないファイルを解答として提出してしまって焦った、といったケースがあったそうだ。その都度、教員やTA（ティーチングアシスタント＝授業をサポートするスタッフで、主に大学院生）がうまく対処していたという。

「監視カメラとして機能しているスマホの電源が切れていないか、Zoomが落ちていないか、不正行為と疑われていないかなど、対面の試験の時よりもいろいろな面で緊張したことを覚えています。試験に参加した学生の人数よりも提出された解答の数が少なく、試験後に30分以上、拘束されることが何回かありました。その間、自分の解答が本当に送信できていたのか不安でしたね」（現役学生）

ことさら大きなトラブルは起きなかったようだが、試験を課す教員も受ける学生も、双方が高い緊張感と、それによるストレスにさらされたことは間違いない。さらに、このような試験の実施・監視システムそのものを作り上げ、走らせた大学側の担当者の苦労は並大抵ではなかったと思われる。ＩＣＴ機器の扱いが不得手なために置き去りにされる学生がいてはいけない。学生の疑問、不安の解消のため、試験実施前にはオンライン説明会が開かれたし、オンライン授業の中で試験のリハーサルを行った教員もいた。

パソコンに向かってオンライン試験を受けている様子をさらにスマホで撮影するというやり方は、デジタル時代だからこそできる力技には違いないが、見方を変えれば、どこか袋小路に突き当たっている観もある。かつてガソリン車全盛の時代、排気量の大きいビッグパワーの車は、重く巨大なエンジン自体を運ぶために排気量を大きくせざるをえなかった。そのパラドックスを連想させる。

新しい「評価方法」への期待

事実、東大教養学部は20年度後期の定期試験を原則として「対面」に戻した。同学部のウェブサイトでは「熟慮と議論を重ねたうえ」での判断だとし、前期の試験をオンラインで実施したことについて〈受験する皆さんにとっても、実施する大学にとっても大きな負担がかかりました〉と率直に認めている。

ここで再び、オンラインのみで授業を行うミネルバ大学の挑戦に目を向けたい。先に紹介した「東大新聞オンライン」の記事（20年9月1日配信「検証：東大のオンライン授業」第4回）によると、ミネルバ大学では「伝統的な意味での試験を行わない評価方法」が最大の特徴なのだという。授業の前に与えられる課題と、授業での発言など参加の度合いが毎回評価され、その積み重ねで成績が決まる。記事に登場する同大の日本人学生の言葉を借りれば、知識の定着度を試験で測ろうとすれば、本来なら9割方答えられないと「身についた」といえないはずだ。１００点満点で60点を取れば単位がもらえる（成績で「可」がつく）仕組みでいいのか、という問いかけには説得力がある。

　コロナ危機の収束が見通せない中、可能な限り正確で公平な評価をするために、一度はオンライン試験を決断、実行した東大の挑戦には拍手を送りたい。評価に責任を負わなければ、ディプロマポリシー（学位授与の方針）やカリキュラムポリシー（教育課程編成・実施の方針）を掲げている意味がない。だが半面、「そこまでして試験を行わないといけないのか」という疑問がどうしても残ったのは事実なのだ。〝東大だからできた〟試みならば持続可能とは言えない。しかし逆に考えれば、万難を排してオンラインによる定期試験を敢行する意思と能力、環境がある東大のような大学であれば、オンライン時代ならではの評価の仕組みを生み出せるのではないだろうか。

　そのことは先に紹介した、ｅラーニング戦略研究所が大学教職員を対象にして行った調査のまとめとして、〈新型コロナウイルスがこれまでとは違う観点から大学改革を推し進める要因になる可能性もある〉と述べていることとも重なってくる。オンラインであろうが対面であろうが、さまざまな方法の違いを包括した授業のあり方（そこに評価も含まれる）への模索はきっと始まるはずだ。

コロナ危機とオンライン対応が塗り替える「受験地図」

前節で、コロナ危機が「大学改革」をもたらすのではないか——という視点について触れた。いわゆる「三密」の回避策として、いや応なく選択されたオンライン授業は、キャンパスや教室という学びの場と、教員と学生によるコミュニケーションの方法について、重大な問いかけを発している。

ただし、現時点では何かが根本的に〝変わった〟とはいえないというのが、率直なところだ。20年度の後期からは、対面授業とオンライン授業を組み合わせるハイブリッド授業が主流になってきている。第1章でも見た文部科学省の調査では、全国のほぼすべての大学（国公私立）が、対面授業のみに戻したか（約17％）、あるいはハイブリッド授業（約83％）にシフトしている。

文科省の「手のひら返し」

ハイブリッド授業といっても、首都圏（1都3県）をはじめ、大都市圏の学生数が多い大学では対面授業のコマ数が少なく、相変わらず「ほぼ遠隔」という方針の大学も多い。関東地方では対面授業の比率が3割以下という大学が約63％と、ほぼ3校に2校ある。この状況を受けて、萩生田光一文科相が10月中旬の記者会見で、ハイブリッド授業のうち、対面授業の占める割合が5割未満となる大学の名前を公表する考えを明らかにし、対面授業の再開拡大を促した。同会見で萩生田文科相は以下の趣旨のことを述べている。

〈前期（の授業）の状況として、キャンパスに一度も行ったことがないとか、施設利用料を払っているにもかかわらず、

図書館が利用できないなどの学生の皆さんの厳しい現状について、文科省としてはその声を受け止めて、後期の授業については対面も上手にバランスよく（組み込んで）ハイブリッド型の授業をやってもらいたいと常々お願いしてきたのですが、後期が始まったにもかかわらず、なかなか対面授業が再開できていない状況があるという声を多く聞きます〉

文科相は同時に「決してオンラインが悪いということじゃありません」と述べているが、国としてオンラインから対面への回帰に向けて圧をかけたということだろう。しかしながら、コロナ危機への対応として、各大学の尻をたたいてオンライン化せよと号令したのは、間違いなく文科省なのである。首都圏などが最初の緊急事態宣言下にあった4月13日、同省が公表した調査「新型コロナウイルス感染症対策に関する大学等の対応状況について」（4月10日現在）の項目は二つしかない。一つは授業開始を延期しているかどうかのアンケートであり、もう一つが「遠隔授業の活用に関する検討状況について」なのだ。つまり、この時点では国として、授業開始のために遠隔授業（オンライン授業）への対応を求めていたことは明らかだ。

「手のひら返し」とも取れる文科省の奇異な行動を理解しようとするなら、答えの選択肢はあまり多くない。最も合理的な結論は、文科省すなわち国が、オンライン授業とは単に対面授業をデジタル化し、ネット上に置いたものにすぎないと見なしているということだ。コロナ危機さえ収束すれば、大学は元の形に戻る――。だが、その捉え方は実際にオンライン授業を行い、受けてきた教員、学生たちの心情とはズレがあるだろう。大学は「変わらない」のではなく、「変われない」のではないか。

萩生田大臣の発言について、『毎日新聞』が特集記事を組んでいる。大学の卒業に必要な１２４単位のうち、オンラインなどの遠隔授業で取得できる上限を60単位と定めた基準を文科省が特例的に緩めたことを受け、多くの大学では学内の通信環境を改善したり、学生にノートパソコンなどの購入費を助成するなど、オンライン化に向けた投資を行ったという。文科省の〝メッセージ〟を受けた対応であることは言うまでもない。同記事では、慶應義塾大学の中室牧子教授（教育経済学）のこんなコメントを載せている。

〈客観的根拠も示さないまま、対面が遠隔より優れているかのようなメッセージを文科省が発するのは問題だ。いま日本の大学がオンライン授業への投資を怠れば、世界から置いていかれるのではないでしょうか〉（20年11月2日配信、『毎日新聞』電子版）

大学も「面倒見」が問われる時代

萩生田大臣が取り上げた「一度もキャンパスに行けていない」といった、学生の切実で深刻な声は確かにある。だが、折々に述べているように、それはコロナ危機への対応であって、オンライン授業そのものがもたらしている不利益ではない。

それでも、とかく〝やり玉〟に挙げられる理由は、大学自身がオンライン授業の潜在性を引き出せていないか、あるいは第2章で紹介した拓殖大学国際学部の徳永達己教授の「まちづくりゼミ」のように、個々の授業や教員レベルでは実を結びつつある実践が数々あっても、それが広く共有され可視化されていないからなのかもしれない。

オンライン化の大波をかぶりながらも、大学の内部では新しい局面にシフトしていくのに難しい面もあるようだが、その「入り口」のところでは、変化は確実に起きているようだ。すなわち、受験地図への影響である。

「コロナ対応が早かった大学が人気を上げているのです」

入試に関する情報力では他の追随を許さない、大学通信（本社・東京都千代田区）

の安田賢治・常務取締役（情報調査・編集部ゼネラルマネジャー）はそう話す。

大学通信は毎年、週刊誌『サンデー毎日』と共同で、大学進学実績が高い全国約2000高校の進路指導担当教諭を対象にアンケートを行っている。同誌20年9月13日号では21年度入試（21年4月入学）について、アンケート結果をもとにした各大学の〝オススメ度〟を、▽就職力▽教育力▽改革力▽グローバル教育への対応力▽入学後の満足度――など多岐にわたる項目ごとにランキングを行っている。その中で安田氏が特に注目するのが、「面倒見がいい大学」という観点からのランキングだ。安田氏によると、「ちょっとした異変が起きた」という。どういうことか。

「中央大学が昨年（19年のアンケート）の48位から14位、立教大学が同じく86位から18位と大きく順位を上げたのです。難関大の中でも立教大は（コロナ危機を受けて）オンライン授業の導入を早々に発表して態勢を整えました。中央大学は（20年）3月に『学生支援指針』を公表し、学生の心の不調や家計の急変などに対応する姿勢を明らかにしました。このような危機への対応の早さが、進学校の進路指導担当教諭の支持を集めているといえます」

中央大学のホームページをのぞくと、コロナ危機対応をまとめたコーナーに、父母連絡会名誉会長を務める福原紀彦学長による「中央大学学生の御父母の皆様へ」と題したビデオメッセージが掲載されている（20年7月15日公開）。大学のトップが自ら、オンライン授業の進め方などについて学生の家族に語りかけるスタイルだ。このような取り組みも評価に結びついているに違いない。

「有名大学」志向に拍車がかかる

「面倒見がいい大学」と聞くと、大学生にもなって面倒見なんて……といささか過保護めいたイメージを持つ人もいるだろう。しかし昨今は、この「面倒見」が大学選択の大事な指標になってきている。同アンケートのこの項目で16年連続1位を獲得しているのが、金沢工業大学だ。授業はもちろん、学生生活からクラブ活動、就職まで幅広く手厚いサポートに定評がある。つまり、しっかりと勉強させ、キャンパスライフを充実させ、きっちり就職させてくれる大学ということだ。

「かつて金沢工業大学は『出される課題が日本一多い』大学といわれ、敬遠されていた時期もありました。それが今や魅力に変わり、『勉強する大学』『勉強させる大学』

として人気を集めているのです」

安田氏はそう説明する。「面倒見」とは、すなわち学生を〝伸ばしてくれる〟という意味なのだ。一人一人の学生に丁寧に目を向ける必要があるため、この項目ではややもすると放任主義になりがちな難関大や、学生数が多い大規模な大学は順位が上がらない傾向がある。それが今回は立教大学、中央大学など難関大がランキングを急上昇させている。コロナ危機下にあっても、どれだけ学びの機会を提供できるかが、「面倒見のよさ」という文脈で捉えられているといえそうだ。

言うまでもないが、21年度入試は大きく変わった。大学入試センター試験が廃止され、新たに大学入学共通テストに置き換えられたのはもちろんだが、コロナ危機によってオープンキャンパス（大学説明会）がリアルで開けないなど、学生が大学の素顔に触れる機会が極端に少なくなった。つまり、受験生が「どの大学を受けようか」と考えた時、判断材料が乏しいのだ。いきおい高校の進路指導担当教諭の役割は大きくなってくる。とかく「偏差値」や「競争率」に気を取られがちな受験生や保護者の「目」となり、「耳」となる現場の先生たちに、どれだけアピールできるかで、大学の「人気＝志願者数」は左右されてきそうなのだ。

ここ数年、大学入試を巡って起きている現象は、受験生（と保護者）の「地元志向」と、有名校を中心とした私立大学の「難化」だ。長期化するコロナ危機も相まって、地元にそこそこの大学があれば、親はわざわざ首都圏の大規模大学に子どもを進ませないかもしれない。また、受験生がオープンキャンパスなどを通じて、なじみが薄かった大学の魅力に気づくということも難しくなるので、どうしても「有名大学」に志望が集中しがちだ。ところが難関私立大の競争率や難易度は高止まりしているので、名の知れた中堅大学の競争率が上がる可能性がある。

さまざまな要素が絡み合って受験地図が塗り替えられていく気配なのだが、そこで問われている大事な視点の一つが、オンライン化の流れにどう向き合うのかという姿勢であることだけは間違いない。

学生の「声」に一喜一憂？評価される大学、されない大学

「学生にアンケートをしても実際に（大学の運営のために）使われることは少ないけど、これは使いますから」

首都圏の大学に籍を置く学生の一人は、大学当局が実施したアンケートの取りまとめをしている教員から、そんな言葉を聞いたという。その大学が普段、学生に対してどのような調査をしているのか知る立場にないが、もっぱら「学生の声」を聞くだけ聞いて、リアクションもせずにほったらかしているケースは多いように思われる。

その教員が言った「これ」とはほかでもない、オンライン授業に対する評価についての学生アンケートである。第３章でも触れた、ＮＩＩ（国立情報学研究所）が20年３月から継続的にオンライン開催している「４月からの大学等遠隔授業に関する取組状況共有サイバーシンポジウム」では、各大学が取り組んでいるオンライン授業の実践事例に交じって、それがどれくらい学生に受け入れられているか、参加度や理解度、

評価を調べる多くのアンケート結果が掲載されている。

それだけ大学側にとっては、自分たちが行っているオンライン授業が授業として成り立っているのかどうか、不安に思っているということだろう。何しろ初の試みなのだから、主観的な「手応え」をもとに調整していくことができない。学生の反応をフィードバックするほか、改善のやりようがないのである。これまでも日常的に学生の理解度や満足度をモニターしてきた大学は多いはずだが、学生とのキャッチボールによって授業の形が作られる機会が生まれたとすれば、それはオンライン化のポジティブな効果といえるだろう。

4800人対象の東大アンケート

オンライン授業に関して、大学側が学生の声を拾うために行ったアンケートのうち、ここでは東京大学の例を取り上げよう。

先に触れた、文科省が20年4月13日に公表した調査「新型コロナウイルス感染症対策に関する大学等の対応状況について」によると、同10日現在で国立大学の91%が「授業開始の延期を決定・検討」と回答している。大学全体でも86％が前期の開始を遅らせた。そういう状況下で、東大は早々と3月中旬に「4月からの新学期授業は学事暦（年間スケジュール）通りに行う」「対面での講義は最小限とし、オンライン化を奨励し推進する」などとする総長（学長）メッセージを出した。

つまり、その時点で東大当局として、学期の開始を遅らせることなく、オンライン授業を全学的に行える態勢が整うめどがついていた、ということだ。突貫工事であったことに疑いはないが、その〝立役者〟の一人といえるのが、東大情報基盤センター長を務める田浦健次朗教授である。

同センターは東大全学の情報インフラを整えるための部署で、オンライン授業の実施には欠かせないLMSの管理も担当する。田浦教授はNIIシンポジウムに度々、パネリストとして参加し、オンライン授業についての東大の取り組みを報告している。9月4日に開かれた同シンポで、田浦教授が発表したのが、「オンライン授業・在宅研究に関するアンケート」の概要だ。アンケートは7月下旬から約1カ月間、東大の学生や教員以外の研究者を対象に行われ、オンライン授業を受けたことがある約4800人から回答を得た。田浦教授による分析などは後述するとして、さっそくアンケートの中身を見ていこう。

まずは1週間に受けているコマ数を、授業形態（ライブ、オンデマンドなど）の内訳も含めて聞いている。1年生では週に約16コマを受け、うち12コマが「ライブ（講義）」＝大人数で講義中心のライブ授業、2コマ強が「ライブ（議論）」＝少人数で議論中心のライブ授業だった。残りはオンデマンド配信型や資料を配布して自習するスタイルなどだが、これらは週に2コマ分もない。2年生では約10コマに出ているが、8コマがライブ（講義）、1コマ弱がライブ（議論）と、9割方をライブ授業が占める。4年生までを含めても、ほとんどの授業がライブ形式で行われていたといえる。

そのライブ授業への出席率（実際にライブで授業を聴いている割合）を見ると、「80〜100％」と答えた学生が8割以上を占める。教室と自宅などのパソコンの前という違いはあるが、ほとんどの学生がまじめに〝出席〟をしているのだ。これを学年別にすると、1年生では約87％に上る。学年が上がるにつれて出席率は下がるが、それでも80％はキープしている。

勉強時間が「3割増し」に！

　次に学生の勉強時間を聞いている。授業以外の予習、復習、課題で週にどのくらい机に向かっているかというと、最も多いのが「～3・5時間（1日あたり30分未満）」、次いで「～7時間（同1時間未満）」でそれぞれ2割方を占めるが、逆に「21時間以上（同3時間以上）」と答えた学生も同程度いた。学年別に見ると、特に1年生では平均して週に13～14時間を自らの学習時間に当てている。

　学生の勉強時間に関しては、アンケートをもとに面白い分析がなされている。1～4年生の平均値を見ると、授業時間（オンライン授業）は週に約21時間で、それ以外の学習に11時間を費やしている。一方、18年度の同大学「学生生活実態調査」によると、授業（実験含む）に約16時間、それ以外の学習には6～7時間を使っていた。つまり、対面授業を受けていた時よりも、オンライン時代の方が授業を受ける時間も、自分で勉強する時間も格段に増えているのだ。ざっと3割増しといったところだろう。

　それらを踏まえたうえで、オンライン授業に対する学生の評価を見てみよう。回答は「0～10」のスケールを使い、0が最低、10が最高を示す。最も多かった回答は「8」、次いで「7」だった。おおむね評価していると判断できる「7」以上の回答数が全体の7割強を占める。第3章で「東大UmeeT」が行った満足度アンケートを紹介した。新学期が始まって間もない4月下旬の段階で、学生の4分の3がオンライン授業に「満足」または「ある程度満足」と答えていたから、ほぼ同様の結果が表れたといえそうだ。

高評価という意味では、「今後、オンライン授業を授業形態の一つとして取り入れてほしいですか」という質問に対して、「そう思う」という回答が4割強を占め、「大変そう思う」が4割弱だった。合わせて約8割が、ポストコロナ時代を見渡す中でオンライン授業の継続を望んでいるのだ。もちろん、東大生が対面授業の復活を欲していないわけではない。オンライン授業の「デメリット」を選んでもらう質問に対して、最もチェックが多く入ったのは「ほかの学生とコミュニケーションがない（少ない）」という項目だった。

この渇望感はどの大学の学生も（あるいは教員も含めて）抱いている本心だろう。それでもなお、「昔に戻らない」ことを学生が選択しようとするのは、オンライン授業にしかない価値を肌身で知ったからに違いない。それが何なのか、アンケートの分析と併せて、田浦健次朗教授のインタビューから探ってみたい。

「課題地獄」が起きたわけは

――大方の授業が「ライブ」で行われたことに何か理由はありますか。

田浦「恐らく我々がオンライン授業への備えを進めていた時に、先生方にオンライン授業にはオンデマンド型など、いろんな形式があると説明するよりも、むしろ『授業をＺｏｏｍでやるにはこうすればいいです、何とかなるんです』とシンプルな伝え方をしたのが影響してるんじゃないかなと思います。あとはやっぱり、インタラクション（相互作用）のある授業形態の方が学生に好まれるので、ライブ授業ができるならしようかと先生方も思われたんじゃないかと思います。

あと、オンデマンドという形式は、ちゃんと中身のあるものを作ろうとすると大変で、満足のいくテイク（録画）でないと何度でも撮り直すことになりがちです。オンデマンドはやろうとしてもなかなか結果的に大変だったと思います」

――平均80％以上という「出席率」をどう見ますか。

田浦「以前、自分が教室で授業をしている時に、学期の後半になると人が減っていくのを見てきたので、率直に『高いなあ』と思います。こんなにいっぱい、大学の授業に出てくるものだったのかという感じですね」

――それはオンライン授業の効果だといえますか。

田浦「そうですね。それ以外の生活を自粛しろと言われているのも（理由として）なきにしもあらずだと思いますけど、どうしても1限に出損ねてしまうというのが、これまでだったと思うので、そういうことがなくなったということだと思います」

――授業時間も含め、勉強している時間が顕著に長くなっています。

田浦「当初思っていたよりも、長時間勉強している人が多かったという感じですね。授業に出ている時間も結構ありますから、残り時間が一体どれだけあるのかと考えてしまうほどです。それぞれの授業で出される『課題』が多いという話とリンクしていると思います。データはないのですが、課題提出の締め切りが短く設定されているという話も聞くので、やらないと仕方がない、ということじゃないでしょうか」

――学生たちは「課題地獄」と呼んでいるそうですね。

田浦「学期当初は期末試験が普通にできないという見方もあり、一発勝負ではなく、より分散的に、課題を出して評価をする方がオンライン向きだという話があったのです。加えて、先生が学生の顔を見ながら授業をするわけではないので、どのくらい理解が進んでいるのか、手応えを確かめたいという意味で、こまめに課題を出す傾向が表れた。それからもう一つ、（とりわけ勉強時間が長い）1年生は一回も大学に来たことがなく、〝手の抜きどころ〟もわからない、ということもあったと思います」

前期の繰り返しはうまくいかない

――課題の多さが問題だとすると、「勉強時間が伸びているから、学生たちが頑張っているんだ」と手放しでは喜べない？

田浦「学生が頑張るのはもちろんいいことですが、全体としての負担を考えないと、結局、課題はこなしているが、頭にどれだけ入っているのかも考える必要があります」

――オンライン授業への評価は10段階で「8」を選ぶ回答が最も多いですが、田浦先生は「夏学期（前期）の繰り返しでは、同じ評価にならない」ともおっしゃっていますね。

田浦「オンライン授業をやってみたら、実はいいところもあるんだと4~5月ごろに皆が気がついた。しかし、時間がたつにつれて『課題地獄』といった話が出てきたり、ずっと大学に来られない学生が苦しんでいるという問題が当然のように表に現れてきた。最初はポジティブな空気があって、それが徐々にネガティブなイメージと混ざっていった。人間の心理として、同じことが繰り返されても、ポジティブな面は当たり前だとしか感じないし、ネガティブな方は時間がたてばたつほど不満が増すものです。オンライン授業がうまくいってよかったね、と安心しているだけでは今後大変なことになりますよと」

――オンライン授業を今後も取り入れるかという問いに「大変そう思う」「そう思う」という回答が約80%を占めています。

田浦「オンライン授業のよかった点として、学生アンケートには『通学時間が不要』が最も多く挙げられています。それ自体に価値がないわけじゃないが、オンライン授業が持っている潜在的な利益の一つを挙げれば、学生がどこで何をしているのかが、データとして取ろうと思えば取れることです。ちゃんとした技術を組み合わせれば、多くの学生を一遍に相手にしながら、進度についていけてない学生がいるとか、どこでつまずいているのかがわかるようになる可能性がある。先生が労働集約的なことをしなくても、大勢の学生に対して個別的なケアができるとか、そういう教育効果の改善が、オンライン授業の今後という意味では考えられます」

――デジタルでしかできないことですね。

田浦「もっと直接的なことでいえば、授業をするのに人数制限がなくなるわけですね。共通的に教えたらいい科目などは、複数の教室をいくらでも合併して、一人の上手な先生が教えられることになる。その分、学生のメンター（指導者、助言者）みたいなことに注力したり、それ自体をテクノロジーで楽にできるようにしたり、そういうところにデジタルを上手に取り入れるのが本当の利益だと思うので、そこをちゃんと目指してオンライン授業をやるならやると、そういうことです」

学びの「場」をどう守っていくか

――大学の垣根がなくなり、海外の大学とも共通授業ができるとか、そういった未来もあるといわれていますね。

田浦「大学の方向性について答える立場にはありませんが、あくまでも私見としては、それはありえます。ただし、先生が要らなくなるという話と一緒にされては困ります。学生を個別に指導するには先生が必要で、数学の教え方一つ取ってもこだわりのある先生はいて、そういう個性は絶対に残していかないといけない。同時に、先生にとって重複したエフォート（努力）があるんだったら、それを削っていくことはできる。ほかの大学のいい先生の授業を気軽に受けられるという未来はありえます」

――オンライン化の中で、リアルな「学びの場」としての大学をどう考えていますか。

田浦「それがとにかく大事だと思い知った、ということです。人と人との偶然の出会いもそうです。オンラインとは設定された場でのコミュニケーションであり、その場が解けるとゼロになるという世界です。実際の世の中のコミュニケーションというのは、会議が終わったあと、三々五々解散しながら、なんとなく近い者同士が集まって、会議で話されてたのとは違うことを話すというような感じで、不思議なバランスが保たれている。それこそ学生同士でも、教室だと授業の合間とか終わったあとにコミュニケーションがあると思いますが、オンラインだと先生が授業のＺｏｏｍを終えた瞬間にゼロになってしまうわけで、そこはよくよく心しないといけません」

田浦教授の話から見えてきたのは、大学という「学びの場」から対面授業のエッセンス、つまり人同士のコミュニケーションを省くことは不可能だということだ。とりわけ20年度の前期は、ほとんどの大学でオンラインのみの授業が行われた。そういう状況下で、多くの先生たちが学生との「対話」を作り出すために非常な努力をした。

学生側の捉え方は違うかもしれないが、「課題地獄」が発生したのには、遠隔授業を受けている学生の理解度を感じ取り、授業への参加度を高めたいと、教員が手探りをしていた側面はありそうだ。逆にいえば、課題に追われ、勉強時間が3割増しになっても、学生のオンライン授業に対する「評価」が高く保たれているのには、そういう背景があるのではないか。

対面授業で守られてきたものは、オンライン時代であっても守られなければならない。これまではっきり意識されていなかったことが、オンライン化によって視界に浮かび上がってきた。授業をどういう形で行うにせよ、それを見つめるか否かが、大学の〝これから〟を左右する。多くの大学関係者が「対面がいいか、オンラインがいいかの二者択一ではない」と口をそろえるゆえんではないだろうか。

オンライン化だけは考えが古い大学で「教えるべきもの」を考える

前節では、オンライン授業という誰にとっても初めての体験に試行錯誤をする中で、どの大学も熱心に「学生アンケート」を行い、結果を大学運営や授業方針にフィードバックしようと努力している様子を、東京大学を例にしてリポートした。

また、その前の節では、コロナ対応としてのオンライン授業への取り組みが、受験生や保護者による大学選びの大事な要素である「面倒見」として評価され、新しく塗り替わる受験地図に載せられていく状況について述べた。

今や学生やその親の「顧客満足度」を無視して大学運営は行えない。オンライン授業のアンケートも、新しい教育や「学び」の形をともに作っていくのが目的だとしても、直接的な学生サービスという側面は否定できないだろう。しかし、「学生アンケートには罠がある」と言い切る大学教員がいる。第2章で実践を紹介した山梨県立大学の杉山歩・国際政策学部准教授である。

GAFAをどう倒せばいいのか

杉山准教授は八代一浩・国際政策学部長の下、プロジェクトチームの一員として、山梨県立大学のオンライン授業の仕組みづくりの中心的役割を担った。

「オンライン授業に対する学生の評価は、その学生の目的が何かで変わってきます。大卒資格だけが目的の学生ならば、自宅で授業を取れる方が楽です。一方、もっと高いレベルを目指している学生は『(遠隔ではなく)大学に行かせろ』と不満が高まります。だから一概に何%の学生がオンライン授業をいいと言っています、という定量評価だけでは、本当の姿は見えてきません。学生が『オンライン授業はとてもいい』と言っているのは、単に早起きが苦手で1限に出られないだけ、ということもありえるのです」

杉山准教授はそう話す。授業に出るモチベーションが低く、単位取得が危うい学生

ほどオンライン授業を歓迎する側面があるというのだ。しかし、アンケート結果としては一つの数字に丸め込まれてしまい（定量評価）、裏にある事情が隠されてしまう。

「例えば、アイフォーンなどアップル製品の〝かっこよさ〟は数字では測れませんよね。そういう『定性評価』を無視して、定量評価をもとにＰＤＣＡサイクルを回せというのが今の風潮ですが、それが日本の社会や企業の成長を阻害していると思うんです」

ＰＤＣＡサイクルとは、▽Ｐｌａｎ（計画）▽Ｄｏ（実行）▽Ｃｈｅｃｋ（評価）▽Ａｃｔｉｏｎ（改善）の頭文字を取ったもので、各工程を回していくことで業務を円滑に進めたり、問題解決につなげたりする手法だ。ビジネスなどの現場では古くから使われているが、２０００年代に入って学校など教育現場での採用も目立ち始めた。もともと定型的、効率的に目標達成を図るための行動ツールなので、教育的な実践をこのサイクルに落とし込むのには一定の難しさもある。

杉山准教授の担当分野は「観光学」「マーケティング論」で、その視点から「まちづくり」にも積極的に関わり、第2章に登場した拓殖大学国際学部の「徳永研究室」とも協働している。16年と17年には、学生を率いて「大学生観光まちづくりコンテスト」で観光庁長官賞（グランプリ）を獲得した実力の持ち主だが、もともと金沢大学大学院で学んで理学博士となり、北陸先端技術大学院大学では助教として人工知能の研究をしていたという「理系脳」の人である。

だが山梨県立大学に移ってきて、これまで「勉強してこなかった」というマーケティング論を教えることになった。何を教えればいいか、考えた末にたどり着いたテーマが、「ＧＡＦＡの倒し方」だ。ＧＡＦＡとは、▽グーグル▽アマゾン▽フェイスブック▽アップルの頭文字を取った用語で、世界を情報で操る巨大プラットフォーマーといわれる４大ＩＴ企業を意味する。無論、ＧＡＦＡを倒した人はいないし、その方法を誰かが発明したわけでもない。

「すでにあるマーケティング論を使って何かを分析しても、それでＧＡＦＡを倒せるとは思いません。教科書に載っていないこと、答えのないものについて問いかけをしていくこと、それこそを教えていかなければいけない。世の中は今、誰もが『プラットフォーマーにならなければいけない』という考えに席巻されていますが、どんな理念で何をしていくのかを考えていかないといけないのです」

杉山准教授はそう強調する。答えのない問いを投げかけ、またそれに向き合うことは根気のいる作業である。わかったつもりにならず、答えらしきものを始終手のひらの上で転がしながら、そのあいまいさに耐えていなければいけないのだろう。

オンライン化は「20年前」の話

第4章の締めくくりとして、常にユニークな実践を模索する杉山准教授に、これからの時代にオンライン授業も含めて、どんな教育が求められるのか、考え方の基本を聞いてみた。

――オンライン授業の立ち上げに関わって、どんな苦労がありましたか。

杉山「先生方が皆、非常勤も含めておおむね対応してくれて感謝しています。東京都内の大学では『教科書の○ページから○ページまで読んでリポートを書け』というだけのオンライン授業もあったと聞きますが、そういうことはほぼなかった。中には『(IT対応ができず)今年度は開講せず』という先生もいましたが、教員向けの研修会で私が教員役、先生たちが学生役になり、オンラインで課題を出して答えてもらう練習をしたら、流れがつかめたようで『これならできる』という空気になりました」

――オンライン授業の効果にはどんなものがありましたか。

杉山「オンライン授業で難しいのは語学です。語学は受講者のモチベーションが成果を大きく左右するので、『対面でやりたい』という先生も多いのです。ところが、ふたを開けたら1年生の英語力が大きく伸びました。入学時にＴＯＥＩＣ（英語テスト）のスコアが平均で５００点だったのが、半年で50点も上がったのです。1年生は早くキャンパスに通いたいという気持ちが強かったのですが、半面、高校生（受験生）の時の勉強に向かうモチベーションを維持しているといえます」

――今後、オンラインも含めて、大学の授業はどうなっていくと考えますか。

杉山「よく聞かれるのですが、一つには先生の意識の問題があると思います。オンライン授業のスキルを来年度以降も使おうと工夫してやっている先生と、今回をしのげればいいと考えている先生では差が出てきます。オンラインでどんな授業をしていくのかという考え方がないと、その場しのぎから先に行かない。アメリカの大学などは留学生からの授業料がないと成り立っていかないので、オンライン授業を磨き上げる強いモチベーションがあります。それなしに、学生アンケートで『良い』が多かったという定量評価をうのみにして、それでよしとする現場の空気が続いていくのは好ましいことではありません」

――どういう「授業」が望ましいのでしょうか。

杉山「次の『ビジョン』をどうするのかが求められていると思います。ある意味、オンラインに未来があるといわれていたのは、2000年代初頭までの話です。世の中が今、どんな状況にあるかというと、『ネットの社会がつまらなくなってしまった』ということです。ツイッターの創業者として知られるジャック・ドーシー氏は、その後、『ブルーボトルコーヒー』など第3世代のコーヒー文化を立ち上げた一人だといわれます。つまり、IT起業家たちが『これからはリアルを面白くしよう』と、人と人をつなげる『ハブ』の役割としてコーヒーを再発見した。これがIoT（モノのインターネット）の本質でした。リアルな社会を面白くするためにIT化しようと、それが10年前に起きたことです。オンライン化できるものをオンライン化しようというのは20年前の話です。大学の講義をオンライン化するのは新しさを求めることとは違います」

――IT化の考え方自体が遅れを取っているということですね。

杉山「10年遅れましたが、ＩＴ化できるところがあり、そうしたいならばすればいいと思います。ただ、大学の授業の価値は、オンデマンドに置き換えられない、安直に数字化できないものにこそあることを忘れてはいけない。質的なもの、経験がものをいうものこそが求められるべきであり、知識に代替可能でないものを、大学は教育していかないといけないと思います」

第5章

ロングインタビュー

大学はもう一度死ぬのか?

吉見俊哉・東京大学大学院情報学環教授

大学に「二度目の死」はあるのか、ないのか

新学期が始まっても大学に通えない。とりわけ1年生は入試以来、一度もキャンパスに足を踏み入れないまま夏休みになり、そして後期の授業が始まった、という人もいただろう。それなのに授業料や施設維持費を取られ、1日に3〜4コマもパソコン画面に映るつまらない講義につき合わされ、大量に出される課題に疲弊しがち——そんな実態は、これまで眺めてきた通りだ。

「カネ返せ！」と叫びたくなる学生たちや親の気持ちもわかるが、一方でオンラインならではの特性をうまく利用して、より生き生きとした知識に触れる工夫が凝らされた授業実践や、それに対応した柔軟な学び方が生まれていることもリポートしてきた。

オンライン元年を生きる「コロナ世代」

つまり、リアルに「教え、学ぶ」ことが制限されてしまったことによって、教員と

学生、そして大学運営者も含めて、それぞれが「大学とは何か」という問いに対して、自分なりの答えを探らねばならないチャレンジに向き合わされたということだろう。

「大学とは何か」という問いはいつの時代も常に俎上《そじょう》に載せられてきたと思う。１９６０年代後半の大学紛争（全共闘運動）は「団塊の世代」を語る時のキーワードの一つであるし、80年代に大学の「レジャーランド化」が指摘され、大学４年間を社会に出る前の猶予期間と見なす「モラトリアム」という言葉がはやった頃は、当時の若者たちを「新人類」と称することもあった。

99年に出版されたベストセラー書籍『分数ができない大学生』は、学力低下問題を取り上げて、いわゆる「ゆとり教育」に警鐘を鳴らしたが、その後、授業時数を減らした学習指導要領下で学んだ人たちは、今も「ゆとり世代」と呼ばれたりする。そのように、大学をはじめとする日本の教育制度や学びの場でのありさまは、往々にして世代と結びつけられて語られる印象がある。

それを考えると、新型コロナウイルスの感染拡大という環境の激変によって、オンライン授業〝元年〟をいやが応でも体験することになった今の大学生の年代層、すなわち「コロナ世代」という呼び方が、将来にわたってどういう意味を帯びてくるのかには、大きな関心が払われるに違いない。

「大学とは何か」という問いの再発見

とはいえ、たかだかその程度の話のつまみ食いで、大学について何かを言ったことにはならない。生半可な世代論はさておいて、およそ800年間にわたる西洋史と日本近現代史を視野に収めながら、そのものズバリ、『大学とは何か』（岩波新書）と真正面から切り込んだ本がある。集団的な知の営みがどのように発展し、曲折を経て深化してきたのか、そして今、その大学が重大な転換点にあることを示したのが、東京大学大学院情報学環教授の吉見俊哉氏である。

『大学とは何か』は、2011年に出版された。新刊の発行点数を上げることに日々追われる業界にあって、一冊の本の賞味期限はどんどん短くなっている。そういう中で、10年前に書かれた本が折に触れて注目され、刷りを重ねるのにはもちろん理由がある。同書の序章にこうある。

〈大学は教育研究の「制度」以前に、「教える」ないし「学ぶ」というコミュニケーション行為の場である。そして、そうした実践が具体的な場所（教室、キャンパス）や技術的媒体（書物や黒板、パソコン）と結びついて営まれているという意味で、それはまずメディアなのだとも考えられる。（中略）そして今日、デジタル化とインターネットの普及の中で私たちが直面しているのは、印刷術が知の根底を変え始めた一六世紀にも似た状況である。（中略）新たなメディアと知識の関係に、二一世紀の大学は果たしてうまく対応していくことができるだろうか〉

当たり前だが、本は今のコロナ危機を具体的に想定して書かれたわけではない。しかし、デジタルへの転換という世界史レベルの大波をかぶりながら、果たして大学は生き残っていけるのか――という問いは、常に発せられ続けてきたのである。

それは例えば、「30年以内に巨大地震が起きる確率は80％」と言われても、「今日起きる」とは思わないことにも似ている。泥縄式であれ何であれ、授業が軒並みオンライン化され、教室もキャンパスも「コミュニケーション行為の場」としては必須ではないと誰もが知ってしまった現実が先行し、そこで改めて「問い」が再発見されたということだろうか。

「大学は一度、死んでいる」

ところで、ここで引いた「印刷術」とは、15世紀半ばにグーテンベルクによって活版印刷術が発明されたという、かの有名な挿話のことだ。この発明(印刷革命)を礎にして、出版文化が飛躍的に拡大、発展した16世紀、「大学は一度、死んでいる」と吉見教授は述べる。どういうことか。

そもそも大学は12〜13世紀、中世ヨーロッパで誕生した。15世紀までに欧州全土の大学数は70〜80に及んだというが、その発展を支えた一つの大きな背景が「移動の自由」だった。当時、教師や学生は各地に広がる自治都市を渡り歩き、新しい知識を蓄え、生み出し、また伝えていく役割を果たした。そういう彼らを結びつける「ハブ」として、大学は出発した。今時の言葉遣いをまねすれば、「モノ」よりもむしろ「コト」

だった、といえるかもしれない。

〈初期の大学は、校舎建設から始まったのでも、国家による専門的な役割付与から始まったのでもない。初期の大学は移動可能な存在で、その中核をなす学生団や教師団が決意すれば、別の都市に旅することができた〉（同書）

このあたりが、いわゆる大学（学術機関）の自治だとか、学問の自由といった価値の源泉となるはずだが、ここでは深入りしない。それよりも、この記述を読んで、多くの人は授業のオンライン化によってキャンパスに縛られなくなった（あるいは切り離された）、今の大学生のありさまと、まずは重ねてみるのではないだろうか。

さて一方、時代が下るにつれて大学は、その意義であるはずの自由さを失っていく。〈一五世紀末以降の大学の変化のなかで、深刻な影響をもたらすのは汎ヨーロッパ的な統一性・画一性の崩壊である。（中略）大学は、それがどこの領邦国家に属するかで大きく異なる運命をたどっていくのだ。そもそも大学の設置自体が、今や領邦国家の君主によってなされていくようになる〉

世界史のおさらいをすると、領邦国家とは神聖ローマ帝国内にあって、有力諸侯が皇帝の支配権から独立して主権を行使した地方国家のことだ。領邦君主の中には、隣国と張り合うために名ばかりの大学を設立する動きも広まった。吉見教授は「大学が知の自由な空間から単なる知的ブランドに転落する第一歩がすでに始まっていた」と書くが、これも何やら示唆的ではある。

印刷革命とインターネットの共通点

中世的な都市間移動のネットワーク（＝移動の自由）を背景にした自由な知的創造性が失われるのと同期して起きたのが、印刷革命だ。活版印刷術は、それまで手書きで複写されていた本を一度に大量生産することを可能にした。新しい知に出合うために都市から都市へ渡り歩く必要はなくなり、居ながらにして多くの知と触れられるようになった。

つまり、知を媒介するプラットフォーム（基盤）が、都市間のネットワークから印刷メディア、すなわち「出版」へとシフトしたわけだ。半面、せいぜい領邦君主に監督されるエリート養成機関に堕してしまっていた大学は存在する価値を失っていった。領邦国家と、ここでは触れなかったが宗教戦争、そして印刷革命が、大学に「第一の

死」をもたらしたのだと吉見教授は見定めるのである。

居ながらにして新しい知と触れ合う――それこそ、デジタル化された情報をインターネット上でたやすくやり取りしている、現代社会のあり方そのものだ。

〝一度死んだ〟はずの大学はその後、19世紀に入ると、むしろ国家（国民国家）を支える人材育成と研究開発の役割を担い、ナショナリズムの高まりの中で再生する（第二の誕生）。その嚆矢《こうし》がドイツのベルリン大学であり、それまでの教育中心のあり方を変え、教育と研究の一体化を図る仕組みを指して「フンボルト型大学」と呼ばれる。それが基本的に今日に受け継がれてきたわけだが、吉見教授はその21世紀の大学に改めて「16世紀と似た状況」を見て取る、というわけだ。

折しも、2020年1月に刊行された吉見教授と英オックスフォード大学の苅谷剛彦教授（社会学）との対談本『大学はもう死んでいる？　トップユニバーシティーからの問題提起』（集英社新書）は、ほどなくして起きた全国的な「キャンパス閉鎖」と重なって、大きな反響を呼んだ。

言うまでもなく、コロナ危機は大学の「デジタル化」への流れを数段、シフトアップさせた。とりわけウェブ会議システムでつながり、どこにいてもオンライン授業を受けられる環境は、中世の大学の成り立ちである「移動の自由」を連想させるし、また逆に、知を伝え合う場として大学をいったんは必要としなくなった「印刷革命」に重なるようでもある。果たして大学に「二度目の死」はあるのか、ないのか。

前置きが長くなったが、オンライン化にはどんな潜在性があるのか、過去はもちろん、未来までを含んだ世界史的な視点を踏まえつつ、吉見教授のロングインタビューを通して探ってみたい。

中世ヨーロッパ史から「オンライン化」を眺める

なぜ大学は「一度死んだ」のか

――中世ヨーロッパでの大学の誕生から現在に至る歴史を振り返りながら、足元で起きている「オンライン化」はどう位置づけられるのかをお聞かせください。

まず出発点として大きな話をすれば、中世の大学、つまり12世紀から13世紀にかけて誕生した大学の根底にあったのは「移動の自由」です。10世紀から11世紀にかけて、ヨーロッパのキリスト教文化圏において、都市間のネットワークが立ち上がってくる。都市から都市へと商人や職人、芸人などが移動する状況が生まれてきて、そしてその中には、非常に優れた知識人もいた。そういう教師と学生が集まって協同組合を作っていったのが大学の原点であり、その協同組合に対して、神聖ローマ帝国皇帝とかローマ教皇が勅許を与えた。お墨付きをもらって、移動する旅人たちの共同体として大学が成立したというのが、『大学とは何か』の中で僕が書いたことです。

　そして、さらに歴史的に見ると、グーテンベルクが活版印刷術を発明し、16世紀から17世紀にかけて「印刷革命」が起きた。それによって、知へのアクセスビリティー（近づきやすさ）が飛躍的に拡大しました。必ずしも何カ月もかけて遠くの都市に移動しなくても知識を得られる、印刷された本を身の回りに集めていればいいということになり、「知識革命」が起こってくる。これを体験した代表的な人物の一人が（地動説を唱えた）コペルニクスでした。つまり、印刷されたさまざまなデータなどを比較すると、新しい知が生まれてくる。新しい知的生産の形がこの時に出てくるわけで、大学は唯一の解ではなくなったのだと思います。このことが、大学が16～17世紀以降、衰退に向かっていった――中世的な意味での大学が死に向かっていった、非常に大きな要因といえます。

　従って、今まさに起きている大学教育のオンライン化、あるいはデジタル化が、16世紀の大学が経験した状況に似た面があるのではないかという問いについては、その通りだと思います。何カ月ということはもはやないのですが、何時間もかけて大学のキャンパス内に移動しなくても、オンラインでつなげば、「ドラえもんのどこでもドア」みたいなもので、一瞬で教室に行ける。また、必要な情報はデジタル化された図書館なり、アーカイブなりから一瞬で得られるのですから、知へのアクセスビリティーや教育的な相互行為のあり方が決定的に変わってしまう。16世紀に起こった「移動の自由」がどうというより、移動する必要自体がなくなるという意味では、今回の方が程度はより激しい。つまり、今日のデジタル化、オンライン化は、グーテンベルクの活版印刷術と同じぐらい、あるいは、さらに大きなインパクトを大学にもたらすであろうと思っています。

——オンライン化が現代の「印刷革命」だとすれば、大学は再び存在意義を見失う可能性があるということでしょうか。

ただ注意しておきたいのは、実は16世紀から17世紀にかけて、中世的な意味での大学の死を決定づけたのは、必ずしも印刷革命だけではなかったことです。つまり重要な要因の一つではあるけれども、それだけで大学が死んだわけではない。もっと大きかったのは、例えば宗教改革でプロテスタントの大学とカトリックの大学に別れ、その間に大きな壁ができてしまい、汎ヨーロッパ的な横断性が失われたことです。中世までは、ポーランドであろうがイングランドだろうがイタリアだろうが、自由に往来できた。それが16～17世紀以降、君主制国家が立ち上がり、国の壁が厚くなってくる。印刷革命だけが大学を殺したのではなく、移動の自由を失わせていった政治制度的な要因が極めて重要です。

さらに、それらの二つの要因と結びつきながら、中世的な大学が死んでいった直接的な要因は、大学そのもののクオリティーの劣化だと思います。つまり、そうやって移動の自由を失い、さらに非常に優れた人たちは印刷物を通じて新しい知を生み出すことができるようになってくると、大学の教育そのものがだんだん劣化するんですね。昔からある知識をそのまま教えていればいい、といったふうになって、これは現代とある意味では、オンライン化に伴う移動の変化以上に重なる面があると思います。

16世紀以降、領邦国家が立ち上がってくると、君主は大学を保護するんです。大学が自分の国にあることがステータスになるので、大学の財政は必ずしもひどくなっていないのです。ただ、言うまでもなく彼らは単に経済的な安定を与えるだけではなく、介入してきます。ここのところは若干、経済的に厳しい今の大学が中央官庁や産業界にすがるしかなくなり、そこから介入の糸口を与えてしまうということにも似ています。君主権力とつながることによって、大学は経済的な安定を得ながら、しかし教育そのものの質は劣化していく――このことが16世紀に起こったんだと思います。

印刷革命というメディア革命、いろいろな形で政治制度的な壁ができていくことによるヨーロッパの分断、そして大学そのものの教育の劣化、その三つが同時並行で、しかも相互に絡まり合いながら起こっていき、大学は死んでいったということです。

日本の大学が死ぬ「三つのシナリオ」

――その「大学の死」のプロセスを現代に当てはめるとどうなるのでしょう。

第一の印刷革命と、デジタル革命あるいはオンライン革命といったものは似ていると思います。「移動の自由」の必要性を失わせる傾向がある。一方、第二の汎ヨーロッパ性の喪失ということでは、ちょっと状況が違っています。(コロナ危機によって動きが）今は止まってますが、オンライン化とかデジタル化を土台にしてグローバルな移動の時代が始まったわけで、そうすると16〜17世紀に起こったことと真逆の構造が、今の21世紀から22世紀にはあるわけですね。なので、これは同じような形では論じられない。

そして3番目のことが非常に厄介で、大学の教育のクオリティーの問題がやっぱり決定的に重要なんだと思うんですね。クオリティーをちゃんと維持できるならば、オンライン化しても必ずしも大学は死なない。だけど特に日本の大学の場合、教育そのもののクオリティーが大丈夫ですとは必ずしもいえない状況にあると僕は思います。日本だけじゃないかもしれません。そこが本当にだめになっていったら、オンライン化で「大学は要らないじゃん」となった時に大学が死ぬかもしれない、というのが私の答えです。

――大学は再び死ぬのでしょうか。

〝かもしれない〟ということです。第一世代の大学が16世紀から18世紀にかけて衰退していったとすると、第二世代の大学はフンボルト原理をベースにしながら、ベルリン大学を出発点として、国民国家に支えられて復活していく。これが19世紀から20世紀にかけてグローバルスタンダードになり、いまだかつてない、とんでもない数の大学が世界中に広がっていって、20世紀は大学全盛の時代になりました。

しかし、21世紀になって起こっていることは、国民国家が力を失っていくということです。そして、オンライン化が進むということにしても、今までの大学とは非常に違う環境に置かれつつある。それは大学を死に至らしめるリスクと同時に、新しい形の大学、すなわち第三世代の大学がそこから生まれてくる可能性も含んでいます。その両面を持った状況が今まさに起こっている。だから答えはまだ出ていないのです。

――大学が死ぬとすれば、そのシナリオはどんなものなのでしょう。

大学を巡って今、起こっていることは、日本の場合に限定すると、重要なこととして三つあります。一つは申し上げたようにオンライン化、デジタル化ですよね。知のデジタル化、教育のデジタル化です。二つ目は、グローバリゼーション。そして三つ目として、人口構造の変化があります。つまり、18歳人口がどんどん減っていく。今、約120万人の18歳人口が20年後には約90万人、これはもう変わらない。780まで増えてしまった大学が20年後まで生き残れるはずがない。合併や閉校、生き残れる大学と生き残れない大学が生まれ、かなりの大学が消えていく。と同時に、残った大学もだんだんとパイがシュリンクしていきますから、経営努力の方にばかり意識がいってしまい、教育のクオリティーが落ちる可能性があると思います。

するとと先ほど言ったように、大学としての教育のクオリティーを維持できなくなったら、やはりいずれ死ぬしかないんです。そういうことが起こってくるリスクはある。メディア革命とグローバリゼーション、それから人口構造の変化に適応できなければ未来がないし、本当に大学が生き残ろうとするならば、その三つの変化に適応して、それを乗り越えていくような形に変化していかなければいけないのだと思います。

デジタル化がもたらす「新しい大学」の形

いいオンライン、悪いオンライン

――オンライン化が大学を死に導くリスクになると同時に、新しい形の大学が生まれてくる可能性があるとおっしゃいました。具体的にはどういうことなのでしょう。

まず、「オンライン授業」とひとくくりには全くできないと思っています。少なくとも、二つに区別されないといけない。「同時双方向型」と「オンデマンド配信型」では、同じオンライン授業といっても、全然違うと思います。さらに、この二つのカテゴリーとは別に、「大教室」の授業と「少人数」の授業というのも、カテゴリーとしては全然違います。それらをクロスさせると、▽大教室・オンデマンド配信▽大教室・同時双方向型▽少人数・オンデマンド配信▽少人数・同時双方向型と分類されます。

しかしながら実際には、大教室・同時双方向型というのはなかなか成り立ちません。２００人とか３００人がＺｏｏｍの画面に出てきても、対応しようがないわけです。すると大教室の授業は基本的にオンデマンド配信となります。また少人数、つまり15人とか20人を相手に授業をオンデマンド配信する意味があるかという問題もあります。オンデマンド配信の授業は、一人でパソコンの前で80分なり90分話して、録画して配信の手続きをするわけで、労力がとてもかかる。それを少人数相手にする必要はないと思います。基本的にオンライン授業として成り立つのは、少人数・同時双方向型と大教室・オンデマンド配信型の2種類であり、この二つは全く違うものです。

　結論的にいえば、少人数・同時双方向型のオンライン授業は、実空間の教室でやる授業以上に効果的になりえると私は思っています。20人程度までなら、ビデオ会議システムを使っても教師から学生たちはとてもよく見えますし、学生側もチャットであれ、実際に顔出しして声を上げるのであれ、発言しやすくなるんですね。確かに、一緒にワークショップをやったり、フィールドワークに出たり、実験・実習をやったりするのはオンラインではだめなんですよ。そういうことをするためには実空間を共有しなければいけない。しかし、演習やゼミなど講義形式の教室型授業であれば、かなりの成果が上がるはずです。

オンライン授業であれば、子育て中の人でも、障害を抱えた人でも、メンタルな理由などで家から大学まで来るのがきつい人でも、勉学に意欲があり、知的能力があれば授業に参加できるんです。地方に住んでいても、国が違っても関係ない。教える側も、国を超えて連携して一緒に授業をできる。空間的な自由度が劇的に広がるんですね。同時双方向型であれば、学生と教員が離れた場所にバラバラでいながらも、同じ時間を共有する。同じ時間を共有することによって、今までの実空間での授業では不可能だったさまざまなコミュニケーションが可能になります。それを私は非常にポジティブに受け止めています。

しかし、そのような時間の共有がオンデマンド配信型の授業では成立しません。つまり場所だけでなく時間もバラバラになるわけです。そうすると授業そのものが教育コンテンツ化する。学生からすると、そういう教育コンテンツをいかに消費するかって話になる。配信されたものをスマホで４倍速とか８倍速で見て、「試験に出そうだな」というところだけをリピートして、チェックしていたら授業じゃないですよね。そういう形でのオンライン化というのは非常に問題があると思うんですよ。

日本の大学はガラパゴス化する？

――少人数・同時双方向型なら対面授業の代替という意味を超えて、新しい価値を生み出す可能性があるということですね。

ただし、オンライン化の最大の課題は「時間」です、時間のマネジメントです。これは授業のハイブリッド化（オンライン授業と対面授業を組み合わせること）をやる時に最大の障害になると思う。

学生の行動パターンを考えれば明らかなのですが、ある曜日の1限目がオンライン、2限目が対面、3限目がオンライン、4限目が対面となったらパニックですよね。オンラインの一番いいところは、家にいても授業が受けられることです。ところが、対面授業を受けに大学に来てしまったら（オンライン授業を受けるための）居場所がないし、Ｗｉ－Ｆｉ環境が整ったラーニングコモンズのような場所を用意しないといけないが、それがうまくいかないとか、混乱が必ず起こるわけですね。そうすると大学側は、この曜日のこの学年はオンラインだとか、この学部は対面だとかというふうに仕分けをしないといけなくなる。それだけの能力、カリキュラム編成を戦略的に作っていく能力が今の日本の大学にあるのかといったら、僕はないと思います。

最終的には、「大学に来たい人は来て、対面で授業を受けてください。でもオンライン配信もしてますよ」ということになる。学生は自分の好きな方を選ぶ、つまり必要な情報だけ得られればいいと思っている人は来ないし、友達と会いに行きたいっていう人は対面を選ぶかもしれないし、そこは学生の自主性で選んでくださいってことになるんですよね。それが本当に教育的なのかと疑問を持っています。

さらに時間のマネジメントの問題でいえば、オンラインが最も価値があるのは、学部間や大学間の連携、国を越えた連携が容易になることです。違うキャンパスにいる学生が一つの授業に参加しやすくなる。中国や韓国、オーストラリアなど、同じタイムゾーンであれば、国境に関係なく授業をすることが可能になるんです。しかし、これは「時間割が同じなら」ということです。同じ東京圏であっても、大学ごとに時間割は全部違いますし、東京大学もそうですが、巨大な大学であれば学部ごとに時間割が違ったりもする。双方向型オンライン授業の最大の価値は時間を共有し、相互作用を可能にすることです。ところが時間割が違ったら、それができないんです。

さらに学事暦はもっと重要です。つまり、学期の始まり、学期の終わりが、例えば東大の場合は学部ごとに違うわけです。そうすると、大学同士で共同授業をしようとしても容易にはできない。この問題は国際的には「9月入学（秋入学）」とじかに関係します。中国とか東南アジア、アメリカ、ヨーロッパの多くは基本的に9月入学です。8月終わりか9月初めに新学期が始まり、12月までが秋学期。春学期は1月の終わりくらいに始まって5月で終わります。6~8月はほとんど世界中、夏休みですよ。世界と完全にずれた一年の過ごし方を日本の学生たちはしているわけですね。

するとオンラインでつないだ国際的な共同授業などできないんです。オンライン化が進めば、日本はますますガラパゴス化するというか、日本だけが世界から取り残されていくことになるわけです。オンライン化は空間の壁をなくします。北海道大学と琉球大学が共同授業をすることも簡単にできるんです、何の問題もない。国も超えられる。でも、空間の壁が消えた後にせり上がってくるのは、時間の壁です。その壁を低くしていくマネジメント能力を日本の大学は持てるかどうか。グローバルな市場の視点から見た時に、日本の大学が生き残れるかどうかがそこで試されると思います。

間違いだらけ！オンライン化の「メリット、デメリット」

「ゼミは対面が望ましい」のウソ

——少人数授業であれば、オンラインが対面よりも効果的でありえるというのは、意外な気もします。学生アンケートなどを見ると、オンライン授業がなじむのは大教室形式であり、ゼミ形式などは対面授業が望ましいという声が一般的です。

学生から見れば、その方が楽なんだと思います。２００〜３００人の授業で同時双方向型は考えられない。大教室のオンライン授業はオンデマンド配信型で、これは学生にとっては楽です。いつでもアクセスできる。バイトの合間にアクセスして、必要な情報をチェックすればいい。ただ、それでいいのかということです。

大教室の授業は実空間であろうが、オンラインであろうが大差ないんですね。実際に対面で授業をしても、ほとんどの学生は出席を取られて座っているだけで、こそっとスマホを見てたり。真剣に聞いている学生はごく一部ですから。そう考えると、消費者としての学生のニーズにより合っているのは、大教室のオンデマンド配信型の授業です。実空間の授業は学生を来させて、一定時間そこに座らせる。その義務を外すのがオンデマンド配信です。授業を購買する、ショッピングするという意味では、大教室・オンデマンド配信型の方が、お手頃の商品であることは間違いない。学生たちが大教室の授業はオンデマンドの方がいいと言うのは当然だと思います。

一方、少人数・同時双方向型の授業では、学生は授業に集中しなくてはならないので疲れます。アクティブにやろうとする先生はどんどん学生を当てて、発言させていく。学生はボーっとしてられなくて、負担が大きいと思います。なおかつ、オンラインの方が学生に対するリクワイアメント（要求される基準）は大きくなるんです。

少人数授業で対面が求められていることについて、確かに一つ、当然ながら考えられるのは、学生間の横のコミュニケーションが取りにくいことです。先生とそれぞれの学生は一対一というか、非常に関係が密になる。半面、学生同士はオンラインだとどうしても関係が疎になります。一緒にご飯を食べに行けないとか、一緒にワイワイできないとかですね。大学に来て、ゼミなどの授業で集まっていれば友達ができますから。そういう面がオンラインで非常に阻害されているのは事実だと思います。

そういう意味で、特に1年生の授業を全面オンライン化することは、非常にマイナスだと思います。授業の中で生まれてくるさまざまなコミュニケーションの可能性をオンラインは育てないですから。教室という場、実空間を共有している方がコミュニケーションは育つわけです。空間を共有し、時間も共有する、つまり一つの教室にみんな集まってワイワイガヤガヤやる授業があるというのは、確かに大学の基本だと思います。ただ、空間の共有ができないからといって、全部駄目になってしまうわけではなくて、オンラインによって時間の共有はできるわけですから、そこでコミュニケーションをする可能性というのは、我々はもっと探求していいはずだと思います。

——学生をはじめとして、そういう「可能性」にはなかなか目が向きにくいということでしょうか。

学生は何をしに大学に来ているのか。目的が卒業証書をもらうためだけだとすると、一番楽に単位を取ることが重要になる。大学は友達や恋人、あるいはコネクションを作るところだとすれば、オンラインは最悪なわけですよ。その意味ではオンラインには限界がある。友達を作るのは大学の重要な要素だと思います。これを失わないためにはキャンパスは必要だし、教室も必要で、全部オンライン化しちゃいけないっていうのはとてもよくわかるし、僕もそう思う。

そういう学生にとって、大教室のオンライン授業が楽だというのは、そもそも大教室授業そのものが間違っているのです。大教室でできる授業とは、決まった知識を教えるとか、例えばコンピューターの使い方のような基礎技術習得型、あるいは極めてベーシックな授業であれば、大教室でもいいのかもしれない。むしろそれだったら、非常に教え方のうまい先生が、優れた教育コンテンツを作ってオンデマンド配信し、わからないことがあれば、ＴＡ（ティーチングアシスタント＝授業をサポートするスタッフで、主に大学院生）が少人数の補習授業を行うという体制が一番効率的なんです。そうすると、かなりの大学の先生は要らなくなるんですよ。一人一人がバラバラに80人とか１００人単位で教えなくてよくなる。オンラインを徹底するんだったら、ちゃんとお金を投資して、この先生の授業は絶対面白い、学生のためになるっていう完璧なコンテンツを作って、５０００人や1万人に対してオンデマンド配信をすればいいし、大学がそっちに行く可能性は十分あると思います。

ところが今は、一つの大学に何百人かの先生がいて、それぞれバラバラに基礎的な科目を担当する。いい先生もいるだろうが、そうじゃない先生もいて、授業に出来不出来があるような中で、学生は試験対策としてとりあえず勉強するが、それ以上のことは何も学ばない。そういう典型的な大教室授業の現状がすでにあるのではないか。そこまで劣化しているのならば、学生が「オンラインになっても同じだよね」と諦めていても不思議ではない。そうすると、労力が少なくて、単位が取れるオンデマンド配信型がいいとなってしまい、それは必ずしも教育のクオリティーの向上とは結びついていない。

起きるべくして起きた「課題地獄」

――オンライン中心の授業に対して、少なくない先生や学生から疑問の声が上がっています。それはオンライン化そのものよりも、大教室形式の授業など、従来の大学のあり方自体に問題が埋め込まれていたということでしょうか。

僕はそう思いますよ。大教室で授業を受ける形が一部残ってもいいけれど、大学の授業のほとんどを、少人数型で先生と学生がインタラクティブに議論をし合う形に変えていく必要があると思います。そうした時に、日本の大学が一番、根本的に変えなくちゃいけないポイントがあるんですね。それは、1人の学生が一つの学期に履修する科目の数を、今の半分以下に減らすことです。これを変えない限り、もう大学といえないと思います。

日本の学部生は大体10から12の科目を履修していると思います。こんなことは国際的にありえない話ですね。アメリカであれば4とか5とか半分以下です。ということは、そのくらい日本の大学は科目を細切れにしてしまった。1科目の単位数が大体1・5とか2です。1学期（半年）に10～12の科目を取り、1科目が2単位とすると、大体40単位ぐらいを1年に取っちゃう。4年間では70ぐらいの科目の授業に出ているわけです。そんなに出たら、1年生の時に何をやったかなんて忘れちゃいますよ。

しかも、一つ一つの科目はたかだか2単位ですから、リクワイアメントが大きい科目は簡単に捨てられる。面倒くさかったら取るのをやめればいい。「ラクタン科目」っていって〝楽に単位が取れる科目〟だけ残せばいいわけですから。これを私は「大学教育のスーパーマーケット化」と言っています。スーパーでとりあえずいろんな商品をかごの中に入れて、レジの近くに来たら、自分の財布にいくらあるかチェックして、これは要らない、これも要らないと返してしまえばいい。そういう形になっているのが、今の大学なのです。

1科目につき週1回、90分授業をやって、それが15週ほど続く。週1回しか先生と会わないわけですから、次の週までに一体何をやってたか忘れちゃうんです。風邪で休んだり、1回休講となると、2週間空く。そうしたら普通の人間はまず忘れますね。でも、1学期に取るのが4科目か5科目だったら、単位数は1科目4とか6となり、学生は週2~3回、先生と顔を合わせる。一つ一つの科目に対するコミットメント(関わり合い)が全然違うんですね。そうなると、先生と学生の対話が決定的に重要になってくる。教室の中でただ座っていればいいってことではない。それが大学なんです。大学の授業ってそうであるべきだと私は思います。その条件が整っていれば、オンラインには可能性がある。

日本の学生は授業の予習も復習もしないと批判されますよね。でも日本の学生たちが不まじめだからじゃない。週に10～12科目という、すごい数の授業に出ているから、一つ一つの科目に予習・復習をしていられない。アメリカではもっと勉強しているというけど、彼らが日本の学生よりまじめなわけではない。4～5科目しか取っていなくて、一つ一つの科目が週2回も3回もあるから、予習・復習をせざるをえない。予習・復習しなければならない科目数が日本よりはるかに少ないわけです。

そういう構造改革をしたうえで、オンラインにできるところはしていく。リーディングアサインメント（予習しておくべき文献）としての文献も、いちいち図書館まで行って探さなくても、すぐにPDFでダウンロードできる。それを読んでおいて、感想をアップロードしておけば、LMS（ラーニング・マネジメント・システム＝教材配信、受講状況、成績などを共有・管理する学内プラットフォーム）でちゃんと管理される。その中でオンラインの授業もやっていくシステムが成り立っていくなら、必ずしも昔の対面授業の形に戻ることが、僕はベストだと思わない。

――オンライン授業では各科目で毎回、課題が出されるので、学生が「課題地獄」に陥ったという話が、どこの大学でもあるようです。

そうです、ばかげているんです。各先生が自分の科目のことしか考えずに課題を出すから、学生はアップアップで何もできなくなっちゃう。まずは科目数を半分に減らす、逆にいえば1科目の単位数を倍にしていく。この転換をやったうえで、リクワイアメントを重くする作業をしない限り、過大な要求によって学生たちを潰してしまいます。構造改革をしないで、ただオンラインに移行した。大学はカリキュラム全体のマネジメントを何もしていないんですよ。先生たちに任せているから、結果的に悲劇が起こる。オンライン化が悪いのではなく、教育とは何かというきちんとした理念に基づいた構造改革をしていないというか、できないというか、そこに日本の大学の根本問題があります。

「グローバル化」と「オンライン化」が織りなす世界

ますます重要になる英語という「世界共通語」

——再び視野を広く取ってお聞きします。オンライン化は冒頭で触れた「移動の自由」をバーチャルな意味で格段に拡大させる役割を果たすと思われます。『大学とは何か』の中で〈英語がますます人類の「新しいラテン語」となり、大学人がますます世界を移動し続けることは確実だろう〉と述べられています。オンライン時代の大学と英語の関係については、どうお考えでしょうか。

オンライン化は空間の壁を取り払うわけですよね。今、仙台にいますとか、徳島にいますとか、シンガポールにいますという学生が、東大の私の授業に参加してきます、全然問題ないですよ。それはオンラインが可能にしている非常にポジティブな面ですよね。国境は大した問題ではなくなるのです。東京の先生と沖縄の先生とソウルの先生と上海の先生が一緒に共同授業をやったら、素晴らしい実践ができるかもしれない。グローバルに見た時に、そういう動きは強まると思います。その時の言語は何語ですかって言ったら、英語以外はありえないと僕は思っています。英語で授業をやり、ディスカッションをし……ということが当たり前になってくるんだと思います、本当に21世紀をリードするような大学の授業をやっていこうとすれば。

言うまでもなく、英語は現代のラテン語なんです。ローマ帝国は3世紀以降、衰退していきますよね。4世紀に東ローマ帝国と西ローマ帝国に分かれたり、ゲルマン民族の侵攻を受けたりして、国としてはガタガタになっていきます。でもその後、中世まで1000年以上にわたって、ヨーロッパ圏の共通語はラテン語以外にない。国民語のフランス語とか英語とかドイツ語が出てくるのは、ずーっと後のことです。

大学というのはユニバーサルなものなんです。国で閉じていてはよくならないんですね。最初の「移動の自由」と重なりますけど、国境を越えて、地域の境を超えて、可能な限りグローバルに知識人たちが移動していく。それはフィジカルな移動だけでなく、バーチャルな移動も含めてです。オンラインという技術を通して、学生が一瞬で東京からニューヨークに行っちゃうとか、ロンドンに行っちゃうとか、ボーダーを越えて移動することを可能にし、そこから知を生み出していく。それが大学という仕組みなのです。

大学がそもそもそういう、移動の自由を根本に据えるものだから、共通の言語的ツールが必要になるのです。21世紀、アメリカがどこまで帝国主義的な覇権を維持し続けるかは疑問だし、僕はアメリカは緩やかに衰退していくと思います。では、アメリカの政治的な力が弱まったから中国語が英語に取って代わるかといったら、そんなことはない。相当長い期間にわたって、恐らく22世紀のある時点まで、グローバルな標準語は英語なのだと思います。

そういう意味で、授業がオンラインと対面のハイブリッド（混合）になっていくこと以上に、日本の大学にとって重要なのは、日本語と英語のハイブリッドです。日本語の授業と英語の授業を当たり前のようにバイリンガルでやっていくのが、大学生の基本要件となる。それが日本の大学の未来にとっては必須だと思うんですね。ボリューム的にいえば3分の2の授業は日本語で、3分の1の授業を英語化していくべきだと思っています。

――オックスフォード大の苅谷先生との共著『大学はもう死んでいる?』の中に、「大学は結界である」という吉見先生の言葉があります。これは、大学はそもそも国境で区切られる存在ではない、といった意味合いを含むのでしょうか。

そうです。中世の大学だって、やっぱりそうなんですよ。中世には封建領主がいて、それぞれの街の支配集団がいて、中世の世界全体が開かれていたわけではない。それぞれ領主がいて、国境では関税を取っていました。だから完全に社会がオープンになることはなかったし、むしろそれは怖いことでもある。今の時代でも、世界を無理やりオープンにして、新自由主義的にグローバリゼーションを広げていこうとすると、ＧＡＦＡ（グーグル、アップル、フェイスブック、アマゾンの４大ＩＴ企業）に支配されるといった問題が深刻化する。農産物だって、オープンにしない方がいい領域もあるんです。

でも、大学はちょっと違う。大学はオープンネス（開放性）が基本で、「大学は結界である」という言葉で強調したのは、21世紀の大学はその結界で何を作っていくのか、そこで作っていくのは「地球人」だと僕は思う。日本人とか韓国人とか中国人じゃない。もちろんアメリカ人でもない。なぜそうなのかというと、私たちの未来は緩やかに100〜300年という時間をかけて、国民国家からグローバルソサイエティー＝地球社会に変わっていく。その地球社会のエリートというか、地球社会をリードしていくリーダーたち、地球社会の中で新しい知を紡いでいく人々をグローバルな視野の中で育てていく結界が大学である。だから必ずしも、国民国家のために役に立つ人間を作るのが大学なのではないと思っています。

真に求められる「グローバル化」とは何か

——昨今語られている「グローバル人材」は、そういう地球社会というよりはむしろ、グローバル資本主義を勝ち抜く日本企業を支える人材というふうな語感があります。

世の中的にはグローバル人材とか、グローバルリーダーとか、SGU（スーパーグローバル大学＝国際化を進める大学を重点支援するために実施される「スーパーグローバル大学創成支援事業」によって採択された大学）だとか、いろいろいわれています。でも政府や文部科学省の政策の中で出されてくるのは、極めて国益的な、日本の産業界に役に立つ人を育てようという短期的な目的のためだという気もしますし、その意味で英語を使える人材を育てようという議論にくみしているつもりはありません。

しかし、日本がグローバル人材を育てようが失敗しようが、グローバル化が止まるとは思えないんですよ。中国だろうがアメリカだろうが、グローバル資本主義が強まっていくことを止められるとは思えない。資本主義の仕組みはローマ帝国が崩壊したように、あるいは中世文明が崩壊したように、どこかで崩壊するでしょう。だけれども、僕はそれが21世紀のうちに起こるとは思わない。だからあと50年くらい、２０７０年になってもグローバル化は進み続けるし、資本主義も維持されている。だからネオナショナリズムみたいな「壁」を作ろうという動きがいっぱい出てくる。いっぱい出てくるけれども、それでもグローバル化を止めることはできないと思う。

そして、新自由主義的な、格差をどんどん拡大させていくグローバル資本主義だけがグローバリゼーションの未来だとは思っていないので、地球社会化していく中で、オルタナティブ（代替）っていうか、地球社会の中では、オンライン化も含めてですが、違うグローバルの仕組みを考えるという想像力はありえるはずだと思います。
そのようなことを考えられる人を育てることが、本当は日本の大学に課せられていて、それは日本語だけではできないんですね。日本語でいくらやったって日本国内の声にしかならない。こう思うということを英語でフルに言える人でないと無理なんです。だから僕は英語が大切だと思っています。日本企業の力を伸ばすために大切なんじゃなくて、地球社会の未来を担える人を育てるためには、英語ができないといけないんですね。単純に英語はグローバル資本主義に仕えるだけだとか、英語帝国主義だとか、そういうふうに言って拒否するのは間違っている。

――『大学とは何か』の中で、明治日本で生まれた帝国大学は西洋的学知の「翻訳」機関であったとあります。昨今「グローバル化」への対応が求められる状況は、当時と重なる印象があります。

重なっちゃいけないはずなのに、重なっている。キャッチアップ型っていうことですよね。アメリカやヨーロッパの大学の方が進んでいて、一生懸命追いつけ追い越せでやることしか日本の大学はできない。欧米でやられていることの導入を今も続けているって意味でいえば、明治時代の帝国大学から今のスーパーグローバル大学まで何の変化もないというふうに思います。

大学が「移動の自由」をベースにして、学生と教員が自由に結びついて共同体を作る、そこから知を生み出していくのが根本だということが、日本ではいまだに理解されていない。大学は先端的な知をいち早く吸収・消化し、社会的な生産力、産業的な生産力に変えていくためのところだ、あるいは官僚を養成し、国を統治するエリートを作るところだというレベルでしか、日本では大学の価値が認められていないという悲しむべき現状が、明治から今に至るまで続いているという面があると思います。

「オンラインのみ」ミネルバ大が成功した理由

――欧米の大学を追いかけるということでは、比較の物差しとして「世界大学ランキング」（英教育専門誌『タイムズ・ハイヤー・エデュケーション』が順位づけ。2020年9月に発表された21年版では東大が36位、京大が54位にとどまる）がよく使われます。このランキングについて、どう見ていますか。

もちろんランキングの問題点はいくらでも批判できます。英語中心主義であるとか、明らかに米国と英国の大学に有利な構造になっているとか、その通りです。ですが、だからといってそっぽを向いていていいということにはならないと思うんです。ここ20年ぐらい、日本の大学はランキングを下げ続けたけども、英語がネイティブランゲージ（母語）でない国々、例えば韓国でも中国でも、アジアの多くのトップレベルの大学は、その英語中心主義のフレームの中でも、ずっと順位を上げてきています。それだけ努力をしてきているし、レベルを上げることが実際にできている。

ヨーロッパの大学でも、努力をして順位を上げてきている大学があります。世界大学ランキングがゆがんだ指標であることを認めるにしても、大学をグローバルに相互比較するという時代に入っている中で、私たちは生きているので、それを無視していいということはないし、順位がずっと下降線をたどっていることが致し方ないとはいえないということですね。ちゃんとした努力、ちゃんとした政策とか戦略をきちんと打っていけば、十分に戦えるだけのやりようはあるはずだと僕は思います。

世界的な視点からいえば、まさにオンライン化を巧妙に使って、新しい大学の形を作り始めている動きはいろんな形で出ています。それを今一番、実験的にやっているのは、ミネルバ大学です。彼らがやったことで一番重要なことは、一方ではキャンパスを捨て、オンラインでやった。でも、オンライン教育を徹底させたことが重要なのではなくて、重要なポイントは、世界中のいろんな都市にドミトリー（学寮）を造ったことです。キャンパスは捨てたけれども、彼らはドミトリーを捨ててないんですよ。寮が大学の根本だっていう、この感覚はすごく正しいと思います。

さっき言ったように、授業における学びの部分、先生と学生のインタラクションはオンラインでもいいんですよ、少人数であれば。少人数でインテンシブ（集中的）なクラスが設計できれば、そのレベルがあればオンラインは使えるんです。だけど、学生たちの中にコミュニティーを作ることはできないですね。学生の仲間意識、これはオンラインじゃだめなんです。

世界中の大学で、学生たちは普通どうやって仲間を作っていくかというと、それは寮なんです。一コマの授業時間だけ一緒にいるんじゃなくて、彼らは昼飯を一緒に食べ、一緒に遊びに行き、夜はパーティーに行き、誰かがメンタルが大変だったら助け合うとかね、そんなことを経験しながら、仲間意識を形成してコミュニティーを作っていく。寮にはネガティブな面もあるけれども、中世以来、大学がやってきたことです。ミネルバ大学は、それが必要だと考えたんですね。世界の七つの都市にドミトリーを造り、NGOとかNPOとか社会の現場に学生たちを入れていくわけです。いろんなところで社会活動をさせ、問題意識を形成させて、オンラインで15人ぐらいのゼミを毎日のようにやって、先生と学生が本を読んだり、ディベートをしたりしていくっていう、非常に巧妙な仕組みだと思います。オンラインでできる部分と、飯を一緒に食わないとできない部分を上手に使い分けている。未来の大学の姿が、ミネルバ大学の中に見え始めていると思います。

――オンライン授業の欠点として、「友達が作れない」といったことが挙げられますが、それはもともと、授業が一義的に担うべき役割ではなかったということでしょうか。

旧制高校にはいろいろ批判もありますが、旧制高校はカレッジであり、学寮がありました。カレッジには寮があるってことが大切なんですよ。ハーバード大学で少し教えてましたけども、ハーバード大学では、学生の実家が（地元の）ボストンにあっても、1年生の1年間は全員、強制的に学寮に入れるんです。ハーバード大学は（コロナ危機で）オンラインにかなりの部分を切り替えたんだけれども、寮は閉じてないんです。教室はオンラインにできるかもしれない。でも、共同生活をしないとコミュニティーができない。その役割をドミトリーが担ってきた。大学は生活共同体であり、旅人たちがそこに安心して住まう。ミネルバ大学がやっていることは、大学の最も原理的な部分に戻っているんです。

日本の大学はそこの部分が一番欠けているんです。単にフィジカルにオンラインを教室に戻せばいいっていう話じゃなくて、学生たちの間にちゃんとしたそういう生活共同体、コミュニティーを作るということですね。

――そういう仕組みがなかったことが、コロナ危機とオンライン化で露呈してしまったのですね。

そう、ばれちゃった。寮のような生活共同体のベースがしっかりあれば、教室での教育の部分はかなりの程度までオンラインにしちゃっていいと思う。

オンライン化が常にいい方向に行くとは限らないが、拒絶すればいいという話では全くないということです。ネガティブな面はもちろんあります。だけど、障害者や高齢者やいろんな人が参加するための障壁をうんと減らせるというポジティブな面もあるわけだから、そういう面を教育に活用していく方がいいし、きっと大学全体がそちらに行くだろうという見通しもすごく持っています。

吉見俊哉（よしみ・しゅんや）
1957年、東京都生まれ。87年、東大大学院社会学研究科博士課程単位取得退学。東大大学院情報学環長・学際情報学府長、東大副学長、東京大学出版会理事長などを歴任。専門は社会学、メディア研究など。2017～18年、米ハーバード大学客員教授として同大学大学院および学部で教える。著書に『「文系学部廃止」の衝撃』『東京裏返し　社会学的街歩きガイド』など多数

あとがき

舞台裏を明かすことには少しためらいがあるのだが、この本をまとめないかと打診を受けたのは2020年の秋口だった。正直言ってその時点での私の理解は、小・中・高校は新型コロナ感染拡大の第1波が収まった後、1学期の半ばから「三密」を避けながら登校を再開しているのに、大学だけは「ロックダウン」状態が続いている、といった程度だった。「オンライン授業」も言葉では知っていたが、実際にどんなことをしているのかは無知そのものだった（Zoomの使い方も、この本の取材を通じて初めて覚えた）。

コロナ危機渦中の20年3月、30年近く続けてきた週刊誌の仕事を辞めた。週刊誌時代の私の仕事の一つに、毎年2～3月に大学合格者数の「高校別ランキング」をまとめるという恒例行事があった。東大、京大をトップとする国公立大、早稲田、慶応など難関私立大の入試動向、すなわち志願者数の増減や有力進学校からの合格者数をもとに、「今、どの大学が受験生（や保護者）から支持されているのか」を、数字によって目に見える形にする作業だ。「早慶上理」「日東駒専」「関関同立」といった言葉が口から出ない日はなかった。

ところが、いざ取材を始めようとして突き当たった壁は、「大学とは何か」という基本的な問いだった。キャンパスに通えず、自宅やアパートで一日パソコンに向かいながら、「自分は本当に大学生なのか？」と自問する学生たちは、一体何に腹を立て、無力感に襲われているのか。まずはそれを想像するところからスタートした。「友達に会えない」とか「出される課題が多すぎる」といった声や情報なら、検索サイトで「オンライン授業」と入力すれば一瞬で手に入る。しかし、そういう不満がなぜ生まれるのか。「友達と会う」とは、大学あるいは大学生にとってどういうことなのかを考えてみる必要がある。

私が大学生だった1980年代半ばから後半、大学進学率は25％前後だった。今では50％をゆうに超えている。学生が大学に求めるものは大きく変わったはずだし、私自身がそうだったように、「授業に出なくても学期末にリポートを1本書けば単位はOK」といった怠惰が許される時代ではとうにない。今回の取材を通じて、教員、学生、親たちのまなざしに触れることは、私にとって大学を「再発見」するプロセスでもあった。

本の中で何度も述べたように、コロナ危機という外圧がもたらした授業のオンライン化は、大学とは誰が何をするところなのか、何がどう生まれる場なのかを見せてくれた。大学の「学び」とはダイナミックな知の交わりであり、あらかじめ与えられた「形」などはないこともわかった。知ること、学ぶことは常に新鮮である。読者の中にそのことを思い出してくれる、かつての大学生が一人でもいるならば幸いなことだ。

末筆ながら、本書の企画段階からアドバイスをしてくださった拓殖大学国際学部の徳永達己教授と武田晋一准教授、山梨県立大学国際政策学部の杉山歩准教授の先生方、そして遅れがちな執筆作業を親身に見守っていただいた大空出版の加藤玄一社長に心から感謝の言葉を送りたい。

堀和世（ほり・かずよ）
1964年、鳥取県生まれ。東京大学教育学部卒業。1989年、毎日新聞社に入社。ほぼ一貫して週刊誌『サンデー毎日』に在籍し、取材、記事執筆、編集業務に携わる。2020年に退職してフリー

オンライン授業で大学が変わる
〜コロナ禍で生まれた「教育」インフレーション〜

2021年3月1日　初版第1刷発行

著者　堀 和世
発行者　加藤玄一
発行所　株式会社大空出版
東京都千代田区神田神保町3-10-2 共立ビル8階　〒101-0051
電話番号 03-3221-0977
URL　https://www.ozorabunko.jp

企画協力　徳永達己（拓殖大学国際学部教授）
武田晋一（拓殖大学国際学部准教授）
杉山 歩 （山梨県立大学国際政策学部准教授）

デザイン　矢崎 進＋磯崎 優
校閲　齋藤和彦
印刷　シナノ書籍印刷株式会社

ISBN978-4-903175-99-7 C0037